Director de la obra:
José Alcina Franch
(Universidad Complutense
de Madrid)

Coordinadora de documentación:
Consuelo Naranjo Orovio
(C.S.I.C.)

Diseño:
Pedro Arjona González

Maqueta:
Carmen Arjona Barbero

© **Ediciones Akal**, **S.A.** 1991
Los Berrocales del Jarama
Apdo. 400 - Torrejón de Ardoz
Madrid - España
Tels. 656 56 11 - 656 49 11
Depósito legal:M.33.196-1991
ISBN: 84-7600-748-5 (Obra completa)
ISBN: 84-7600-751-5 (Tomo X)
Impreso en GREFOL, S.A.
Pol. II - La Fuensanta
Móstoles (Madrid)
Printed in Spain

ARQUEOLOGIA   IV

LOS ANDES ANTES

DE LOS INCAS

Mercedes Guinea Bueno

Los Andes antes de los incas trata de ofrecer al lector una visión de conjunto del proceso histórico por el que pasaron los habitantes de esa región en los tiempos que antecedieron a la expansión de la cultura de los incas. Si la interpretación de los restos materiales –monumentos arquitectónicos, cerámicas, utensilios, armas, alimentos, etc.– y la consecuente reconstrucción de los modos de vida del pasado y el reconocimiento de los procesos implicados, constituyen la tarea fundamental del arqueólogo, el presente texto ofrece los logros y avances de la Arqueología andina en cada una de sus áreas y períodos desde 30.000 a. C. hasta el período incaico en los Andes Centrales y hasta la llegada de los españoles en el resto del área.

Mercedes Guinea Bueno (Madrid) Profesora Titular del Departamento de Antropología de América de la Universidad Complutense de Madrid, al que se incorporó desde el año 1971. Ha centrado su actividad investigadora en el campo de la arqueología del Area Andina Septentrional, habiendo realizado excavaciones en Atacames y en las proximidades de Esmeraldas (Ecuador) y ha orientado sus estudios con una metodología poco cultivada: arqueología ambiental, demografía y aplicaciones estadísticas en arqueología. Entre sus obras principales cabe destacar su libro sobre *Patrones de asentamiento en la arqueología de Esmeraldas (Ecuador)* (1984), o sus artículos: "Un método de selección automática" (1978); "Navegación precolombina: el caso del litoral pacífico ecuatorial: evidencias e hipótesis" (1987).

ÍNDICE

INTRODUCCIÓN

Hemos querido resaltar en el título de esta obra el destacado papel que la altura y el océano juegan a lo largo de la historia del Área Andina. En este estrecha franja, que recorre la parte oriental del subcontinente sudamericano, la cordillera está muy próxima al mar y no es difícil imaginar la enorme dimensión que éste cobra, cuando la línea costera es un desierto o una selva impenetrable, tal y como ocurre en la mayoría de las regiones del área que nos ocupa. Por otro lado, todo parece muy diferente en la transparente atmósfera que envuelve los pueblos y ciudades por encima de los 2.500 metros de altura. Entre ambos, mar y montaña, una ceja de selva completa la diversidad andina. Esta diversidad, que se presenta con un carácter transversal al eje de los Andes, ha generado una relación especial del hombre andino con su medio ambiente, que se denomina habitualmente "verticalidad", y se refiere a un uso particular de las potencialidades del entorno en ese sentido. Tanto mediante el asentamiento, la posesión o utilización de tierras en diversos pisos ecológicos por un mismo pueblo, lo que parece haber sido más frecuente en la zona central, como por el establecimiento de rápidas y efectivas rutas de intercambio, fenómeno que caracteriza la zona norte.

Esta macroárea andina está dividida en áreas y subáreas, que a su vez se fragmentan en otras menores, según la naturaleza del proceso que se está analizando. Estas son: Septentrional, Central, Centro-Sur, Meridional, Extremo Norte y Extremo Sur. En el desarrollo de las páginas que siguen hemos simplificado, en la mayor parte de los períodos, estas divisiones territoriales, unificando los dos extremos, Norte y Sur, con sus áreas vecinas. Así mismo, cada apartado comienza con la narración de los sucesos que caracterizan el período en los Andes Centrales, continuando con las áreas de mayor significación en un determinado momento, e ignorando, dada la brevedad del texto, aquellos que no sufren cambios destacables.

No ha sido fácil tomar una decisión respecto a la segmentación temporal del proceso histórico de la macroárea, de manera que conservara su significación para cada una de las áreas individuales. Finalmente, nos hemos decidido por una solución ecléctica, en la cual fragmentamos la secuencia en períodos en los que se puede reconocer, al menos en el área central, un proceso evolutivo de cambio. Estos son:

Lítico	30000-4000 a.C.
Formativo	4000-1000 a.C.
Horizontes Tempranos (Chavín-Chorrera)	1000-100 a.C.
Clásico	100 a.C.-600 d.C.
Horizontes medios (Wari-Tiahuanaco)	600-1000 d.C.
Reinos Tardíos	1000 -1500 d.C.

Esta periodización coincide en gran medida con la de Rowe (1962), pero pensamos que la nomenclatura del autor citado (período inicial, temprano, intermedio, etc.) está demasiado vacía de contenido para un texto como el que nos ocupa. Con esta idea, hemos conservado los nombres de los cuatro períodos de desarrollo tradicionales, *Lítico, Formativo, Clásico y Postclásico* (Reinos Tardíos), rotos por tres horizontes expansivos, *Chavín-Chorrera, Wari-Tiahuanaco* e *Inca*. De estos tres horizontes citados, sólo presentamos en el texto los dos primeros, ya que el último, debido a la mayor cantidad de fuentes disponibles para su conocimiento, especialmente documentales, es materia de otro libro en esta misma colección. Por último, habría que hacer notar que los dos primeros horizontes expansivos, con lo que suponen de ensayo preliminar del estado Inca y de horizontalización de las relaciones, se manifiestan en las zonas centrales y no llegan al resto de las regiones, que continúan en cada caso el período precedente con una etapa tardía, en la que se puede detectar, generalmente, la influencia de los sucesos en el área central y el impulso hacia el cambio que éstos generan en el resto de la macroárea.

LÍTICO (30000 - 4000 a.C.)

No es el tema que nos ocupa, y nos llevaría muy lejos, entrar en la discusión acerca de las fechas iniciales del poblamiento de América, baste mencionar, que cada vez se acepta en mayor grado el comienzo del ciclo glacial Vürm/Wisconsin (70000-60000 a.C.), como la fecha más probable de entrada del hombre en el continente americano, llegando éste a Sudamérica hacia el 30000 a.C. Hay propuestas fechas mucho más tempranas, pero los hallazgos en que éstas se basan están todavía en pleno debate científico.

No se encuentran en Sudamérica evidencias claras de cazadores con industrias líticas elaboradas y puntas de proyectil de tipo especializado antes del 9000 a.C. Al espacio de tiempo, que cubre la diferencia entre la fecha del poblamiento inicial y esta última, se le denomina *Protolítico*, refiriéndose con este nombre a las industrias líticas más toscas, utilizadas por grupos de recolectores-cazadores sencillos, anteriores a los cazadores superiores.

Vamos a mencionar, con obligada brevedad, las industrias protolíticas más conocidas dentro del Área Andina, siguiendo un orden de Norte a Sur, que lógicamente debió de ser el camino de las corrientes migratorias, pero que por los avatares de los hallazgos arqueológicos, no coincide con el cronológico.

En Colombia el mayor número de sitios localizados, no sólo para esta etapa sino para todo el período lítico, se encuentran alrededor de la sabana de Bogotá, lugar privilegiado para este tipo de ocupaciones, debido a las características morfológicas del terreno.

Aunque algunos de los yacimientos que se están atribuyendo a la etapa protolítica son dudosos, no existe ninguna duda con respecto a los niveles inferiores del importante yacimiento de *El Abra*. La fecha más antigua obtenida en este abrigo rocoso es de 12460 + 160 a.C. La industria abriense se caracteriza por toscos instrumentos, realizados a partir de lascas de sílex o módulos tabulares con retoque marginal, y sus rasgos formales se pueden reconocer en otros abrigos y aleros de los bordes de la citada sabana de Bogotá, e incluso en el sitio de *Tibitó* y *Tequendama*, de los que nos ocuparemos en la etapa siguiente. Los grupos humanos, que se refugiaban en El Abra, debieron de ser pequeños y básicamente recolectores.

Ya en el Ecuador, en la península de Santa Elena se ha localizado, aunque sin fechas, una industria de lascas con similitudes con El Abra, llamada *Exacto*. También, en la zona serrana septentrional, y rodeado por sitios que muestran tecnologías más avanzadas, se encuentra el yacimiento de *Urcuhuayo*, próximo a Alangasí. La citada industria de Exacto parece estar correlacionada con la de *Oquendo*, en la costa central del Perú, y ésto nos lleva a las evidencias protolíticas de los Andes Centrales, representadas fundamentalmente por las industrias de *Paccaicasa* y *Ayacucho*, definidas ambas a partir de las diversas ocupaciones de la cueva de *Pikimachay*, situada a más de 3.000 metros de altura sobre el nivel del mar.

Se ha producido un cierto debate acerca de la intencionalidad de ejecución de las lascas de tufo volcánico, que aparecen en los niveles más antiguos de la cueva de *Pikimachay* y que, junto con otra serie de artefactos en basalto (tajadores, cuchillos, raederas), definen la industria de Paccaicasa. Entienden algunos autores que pudieron desprenderse del techo de la cueva. Sin embargo, no hay duda para MacNeish (1975), director de las excavaciones, que los hallazgos, en su conjunto, pertenecen a un nivel de ocupación humana del recinto. Una explicación muy probable de los hechos, es la que da el prehistoriador Schobinger (1988:433), según la cual la evidencia "representa la entrada ocasional de cazadores en un refugio faunístico para obtener alguna presa". En cualquier caso, las capas que contienen esta industria están fechadas entre 20000 y 12500 a.C., lo que supone que son las de mayor antigüedad dentro del Área Andina.

Los dos niveles estratigráficos que siguen a la industria de paccaicasa, representan una evolución local hacia una etapa transicional con la de los cazadores superiores, y arrojan fechas de 12500 a 11000 a.C.. El material de fabricación de los artefactos es ahora casi siempre basalto, sílex o guijarros de cuarcita, apareciendo también una industria en hueso. Los instrumentos más frecuentes son buriles, perforadores y raederas. Hay que mencionar especialmente, algunas puntas unifaciales que pudieran ser de proyectil. El hueso y estas posibles puntas de proyectil son lo que le concede al conjunto su carácter transicional.

Enlazando con estos yacimientos de transición tenemos, ya dentro del período *Lítico*, el primer horizonte o las culturas de cazadores superiores iniciales (Schobinger, 1988) en cuyas industrias se aprecia un nivel tecnológico intermedio entre las protolíticas y las propiamente líticas (con puntas de proyectil especializadas). Dichas puntas de proyectil pueden figurar en el registro arqueológico o no, pero si lo hacen, son por lo general triangulares y de factura tosca. Las acompaña una industria de hueso más elaborada. El complejo más representativo de este horizonte inicial es el de *Guitarrero I*, en el Callejón de Huaylas, pero también se observan características similares en los últimos niveles del yacimiento de *Ayacucho*, del que hemos hablado con anterioridad. Esto dentro de los Andes Centrales.

Más al Norte, las capas más bajas de *El Inga* entrarían dentro de esta denominación; no obstante, merecen mayor atención, en este momento, los sitios colombianos de *Tequendama* y *Tibitó*.

La Cueva del Guitarrero, en el norte del Perú, fue refugio de los cazadores andinos desde al menos el año 10000 a.C, aunque existen ciertos problemas con las fechas radiocarbónicas. La fase de ocupación que ahora nos interesa es *Guitarrero I*, el nivel inferior, asociado a fauna extinguida. El registro arqueológico no cuenta más que con una punta de proyectil y probablemente intrusiva, pero el resto de la industria lítica está mucho más

desarrollada que en el período anterior, caracterizándose por láminas y lascas de retoque unifacial, raspadores y cuchillos.

La primera ocupación de los abrigos rocosos de la hacienda *Tequendama*, en la altiplanicie de Bogotá, está fechada en el 9000 a. C.. Ya nos hemos referido, con anterioridad, a las buenas condiciones que este paisaje ofrecía a los cazadores prehistóricos (El Abra). En adición a esto, por estas fechas, el clima comienza a enfriarse y la zona queda limítrofe entre el bosque y el páramo, situación excelente para los cazadores de venado. Todo parece indicar que los abrigos fueron visitados estacionalmente por grupos de cazadores semiespecializados, que operaban en los terrenos semiabiertos (subpáramo bajo) de la planicie de Bogotá. Del estudio de los restos de la fauna se deduce que, de los animales capturados, el 40 % fueron venados y el 30 % roedores, completándose el total con conejos, armadillos, zorros, perros de monte y otros animales menores. No aparecieron restos de fauna extinguida, pudiéndose apreciar oscilaciones en la dieta acordes con las variaciones del clima.

Los artefactos líticos, que se encuentran en el yacimiento de Tequendama, fueron obtenidos mediante la técnica de percusión y sólo subsidiaria y excepcionalmente se utilizó la presión. Aparecen también algunos bifaciales y una industria de hueso. El instrumental lo componen principalmente: hojas bifaciales, puntas de proyectil, lascas triangulares, navajas, cuchillos, raspadores, perforadores, martillos y raederas (Correal-Van der Hammen, 1977).

Entre el 7500 y el 6500 a.C., en la fase *Tequendama II*, se observa un nuevo cambio climático y un aumento del trabajo en hueso –presumiblemente también en el de madera– acompañado de variaciones en las capturas animales que ahora son mayoritariamente roedores. Detectándose un paso de cazadores especializados a cazadores recolectores. Así como un posible comienzo de la domesticación del cuy.

Durante el período comprendido entre el 5000 y el 4000 a.C., el abrigo es únicamente utilizado para enterrar a los muertos. Tal y como se observa en Tequendama y El Abra, la población de la altiplanicie de Bogotá disminuyó fuertemente entre el 4000 y el 3000, tiempo en el que el ambiente se vuelve mucho más seco. Lo destacamos aquí, porque esta despoblación coincide con el desarrollo cultural de la costa del Caribe (*Puerto Hormiga*), cazadores-recolectores con cerámica, pero sin agricultura, aunque nos ocuparemos de ello con más detalle en el próximo capítulo.

Compartiendo muchos de los rasgos del sitio anterior se encuentra, también en la sabana de Bogotá, el sitio al aire libre de *Tibitó*, fechado en unos 9800 a.C. Las diferencias más marcadas con respecto a Tequendama son su asociación con fauna fósil, el haber podido ser identificado como un sitio de matanza y la ausencia de puntas de proyectil.

Dejando atrás esta primera fase, entramos de lleno en la descripción de las evidencias de los grupos de cazadores superiores especializados propiamente dichos, es decir, aquellos que presentan puntas de proyectil de tipologías específicas en sus industrias líticas. Los yacimientos pertenecientes a esta etapa se suelen agrupar en dos grandes horizontes: el *horizonte El Inga - Fell I-Los Toldos*, cuyas fechas más antiguas están en torno al 9000 a.C., y cuyo rasgo diagnóstico son las puntas de "cola de pescado", y el *horizonte andino de puntas lanceoladas o foliáceas*, comenzando hacia el año 8000 a.C., y con sitios tan conocidos, dentro del área andina, como *Lauricocha, Viscachani* o *El Inga II*.

De los tres yacimientos citados como representativos del primer horizonte, el único que queda dentro del área de nuestro interés es *El Inga*, situado al pie del cerro Ilaló, cerca de Quito, a 2.500 metros de altura. El material recuperado lo componen más de 80.000 piezas de obsidiana y basalto, entre las que abundan las puntas de proyectil con la típica acanaladura en el pedúnculo, que les da a estos últimos la conocida forma de "cola de pescado". El sitio ha sido identificado como un campamento-taller en el que, junto con las citadas puntas, aparecen cerca de otros cincuenta tipos de artefactos. Asimismo, se han detectado medio cente-

nar de yacimientos en el área próxima, evidenciando la importancia que tuvo la cercanía a minas de obsidiana en la localización de los asentamientos de los cazadores ecuatorianos de esta época, los cuales, además, se beneficiaban de los recursos del cercano bosque montañoso. En El Inga se pueden reconocer tres épocas o tradiciones, la más antigua de ellas –que es a la que nos estamos refiriendo– está fechada por radiocarbono en 7050 a.C, pero existen niveles más antiguos sin fechar. Como punto de referencia citaremos la fecha de 9082 a.C. obtenida para la cueva chilena de *Fell*, dentro del mismo horizonte.

Siguiendo en el Ecuador, encontramos a mayor altura aún –3.100 metros– los sitios de *Cubilán*, entre las provincias de Azuay y Loja. Estos son campamentos provisionales, básicamente talleres, fechados entre 8550 y 7150 a.C.. La industria lítica es algo diferente de la anterior y se relaciona en mayor medida con la llamada cultura de *Paiján*. El material de fabricación de los instrumentos (raspadores, cuchillos, perforadores y puntas) también cambia, siendo en este caso el pedernal.

El segundo gran horizonte del lítico sudamericano, caracterizado por la presencia de puntas de proyectil alargadas, sin pedúnculo, de forma lanceolada o foliácea, trabajadas básicamente a percusión, tiene su mayor expresión en el sitio de *Lauricocha* en los Andes Centrales, cerca de las fuentes del río Marañón a 4.000 metros de altura. El yacimiento lo componen tres cuevas próximas entre sí, ocupadas desde el período postglacial temprano hasta el colonial. De este amplio lapso temporal, tres de las ocupaciones corresponden al período precerámico. La fecha más antigua es el 7566 = 250 a.C. correspondiente a la primera fase, aunque se aprecia un mayor auge de la ocupación a partir del año 6000 a.C., durante la segunda. La industria lauricochense no parece haberse desarrollado aquí, sino que aparentemente llegó plenamente formada. Además de las finas puntas foliáceas el registro arqueológico lo componen cuchillos bifaciales, raspadores, punzones y otras puntas más gruesas, posiblemente para lanzas. Su excavador,

Cardich (1975), nos da noticia de otros rasgos de la cultura de estos cazadores superiores, como son la cocción de alimentos mediante el sistema de piedras calentadas, las prácticas funerarias y la deformación craneal intencionada. Se han encontrado once esqueletos de principios del octavo milenio (*Lauricocha I*), en cuyos enterramientos se observa un trato diferencial, relacionado con la edad del individuo al morir. Más importante es el hallazgo de un cráneo con una deformación tabular erecta, que retrotrae hasta el paleolítico el uso de esta costumbre en el área andina.

En la reconstrucción de los usos y costumbres de estos pueblos, son especialmente interesantes los hallazgos de materiales habitualmente perecederos en la *Cueva del Guitarrero*, fase II. Una lezna de hueso, una espátula de madera, un fragmento de cestería y varias cuerdas serían los más destacables. Hay también indicios del cultivo de judías, pero esto lo analizaremos más adelante.

Otros sitios en la sierra son *Quishqui Puncu,* en el Callejón de Huaylas, *Ambo*, cerca de Huanuco y *Tres Ventanas*, en la parte alta del río Chilca. En este último se han encontrado también enterramientos y las evidencias más antiguas en el área de estructuras habitacionales (*circa* 8000). También en las tierras altas, tenemos el abrigo de *Jaywamachay* (7000-5800 a.C.), en las proximidades de Ayacucho y *Viscachani*, en el altiplano boliviano. Este último sitio debe su prestigio a ser uno de los primeros hallazgos del paleolítico americano, a pesar de ser un yacimiento superficial muy erosionado. En él se encuentran varios tipos de puntas de proyectil con formas de hojas de "laurel" y "sauce". Debió de ser taller y paradero a la vez, recuperándose gran cantidad y variedad de instrumentos en cuarcita. En la costa, la fase en que mejor se aprecia la influencia de este horizonte es *Chivateros II* (8000 a.C.), con puntas de proyectil retocadas a percusión, algunas con doble punta.

Con características diferenciales, con respecto a los dos horizontes que nos vienen ocupando, se desarrolla (8000- 5500 a.C.), en la costa norte del Perú y la sierra sur del Ecuador, el llamado *Complejo*

Paiján. Los yacimientos representativos son *Paiján* y *Pampa de los Fósiles*, en la costa peruana. Esta industria presenta marcadas diferencias con las anteriores en la elaboración de las puntas de proyectil, que, en este caso, tienen un largo limbo triangular y un pedúnculo estrecho. Estos grupos parecen haber sido principalmente cazadores-recolectores y su área de influencia llega hasta *El Inga III* a través de la *Cueva de Chobshi,* en el Azuay ecuatoriano. El sitio, localizado a 2.400 metros de altura, en una zona de bosque montañoso, presenta cuarenta y seis tipos de herramientas diferentes, asociadas a fauna moderna, y realizadas, en su mayor parte, en cuarcita o pedernal. Es interesante anotar, la aparición de instrumentos ejecutados en obsidiana, materia prima que hubo de ser importada y que nos habla de la movilidad de estos grupos.

Para terminar, una breve referencia al arte rupestre. Dentro del área andina, no se han encontrado pinturas rupestres asociadas con el *horizonte El Inga-Fell-Los Toldos*, sí fuera de ésta, siendo las manos pintadas en negativo uno de los elementos típicos de las representaciones artísticas de los grupos toldenses. Las manifestaciones plásticas del horizonte de puntas lanceoladas son, en su mayor parte, representaciones de animales y escenas de caza en las que interviene el hombre. Las zonas más destacadas en las que aparecen abrigos rocosos o cuevas con pinturas rupestres son: *Sumbay*, con representaciones de auquenidos y figuras humanas principalmente, pero también el avestruz y el felino; *Lauricocha*, que presenta interesantes escenas de caza y danza; *Pampa de Junín*, con grupos de camélidos, y *Toquepala*, en cuyas pinturas son observables huellas de posibles ritos propiciatorios.

Los orígenes de la agricultura

Perdida, a causa de más y mejores excavaciones, la "inocencia" que nos permitía mantener un esquema nítido en el que la agricultura, la cerámica y el sedentarismo aparecían juntos, y eran diferentes manifestaciones de un mismo fenómeno, es obligado incluir aquí una referencia a los orígenes del cultivo de plantas en el área, ya que el proceso se inicia en pleno Paleolítico.

Hacia el año 6000 a.C. comienza en los Andes Centrales un "óptimo climático", que debió de influir en que entre esta fecha y el 5000 a.C. se observe un incremento progresivo de la domesticación de plantas y animales. Tenemos leguminosas, pallar y frijol, en la cueva del *Guitarrero* (fase II), en *Ayacucho* (fase Jaywa) achiote y calabaza, y maíz primitivo en el N.O. argentino (*Huachichocana*) y en la quebrada de *Tiliviche,* en Chile. Comienzan también a estrecharse las relaciones entre el hombre y el cuy y los camélidos, como lo demuestran los hallazgos de *Pachamachay* y *Telamarchay.* Algo similar estaba ocurriendo en el altiplano boliviano. En los Andes Septentrionales encontramos, en la península de Santa Elena, el complejo precerámico *Las Vegas* (6500-5000 a.C.), relacionado con el pre-Valdivia no cerámico, y que al parecer incluye *Lagenaria* entre las numerosas especies de plantas recuperadas en su excavación.

De acuerdo con los registros arqueológicos actuales, el cultivo de plantas en los Andes Centrales tiene una mayor antigüedad en la sierra que en la costa, a la que no llegó hasta aproximadamente el 5000 a.C., si bien sus efectos en este ecosistema fueron mucho más importantes al coincidir con un aumento demográfico en los valles y con el surgimiento de las primeras agrupaciones aldeanas, lo que hace que nos ocupemos de ello más adelante.

FORMATIVO (4000 - 1000 a.C.)

Si entendemos, de una manera general, por *formativas* aquellas culturas que llevan un modo de vida sedentario, concentrándose en aldeas y pueblos, con las transformaciones sociales que ello conlleva, nos encontramos en los Andes con un período sumamente complejo, en el que la variedad de situaciones, unida a la extensión del área, hace muy difícil una presentación de síntesis. La diversidad es tal, que coexisten núcleos aldeanos con agricultura pero sin cerámica, grupos cerámicos sin agricultura, y grupos ceramistas y agricultores.

Andes Centrales

Hacia el 4000 a.C., la gran riqueza piscícola de los bancos marinos que bañan las costas de los valles, en la zona andina central, permitió el asentamiento de grupos sedentarios, cuya base de subsistencia era la recolección marina o terrestre, complementada con una agricultura incipiente (porotos, calabazas, ají y cucurbitáceas). *Chilca*, al norte de Lima, era ya en el 3500 a.C. un poblado de 100 chozas construidas con cañas amarradas en lo alto, lo que les daba un cierto aspecto cónico. Una situación similar existiría en el cercano *El Encanto* y en *Ica*.

La llegada del algodón (*circa* 2500 a.C.) supone un gran avance en los valles costeros. Comienza en este momento el importante rol que los textiles van a jugar en la costa, que abarca desde sus aplicaciones más prácticas como artes de pesca, hasta su papel de difusor de estilos artísticos. La población se expande y los sitios arqueológicos en la costa son numerosos. De ellos, los más conocidos son *Huaca Prieta*, en el valle de Chicama, y *Guañape*, en el del Virú. Se acusa un incremento del uso de plantas cultivadas, aunque la preponderancia de la pesca en el sistema adaptativo no ofrece dudas. El sentido artístico se manifiesta en la pintura de tejidos y el grabado de calabazas. También aparecen restos de muros de piedras (*Hauca Prieta*) o barro (*Guañape*).

La problemática general de los orígenes y desarrollo del cultivo del maíz en América ha volcado durante los últimos años el interés de los arqueólogos sobre estos valles costeros, dando como resultado un gran número de hallazgos, que van desde unidades aldeanas a centros ceremoniales, fechados entre 2500 y 1500 a. C.

En la zona de Ancón-Chillón se han localizado unos siete sitios, en los cuales se puede reconocer, con mayor detalle, cómo evolucionan estas adaptaciones costeras, incrementándose la población y los tamaños de los asentamientos. Lo mismo sucede en los valles de Chancay (*Río Seco*), Nepeña (*Los Chinos*) y Casma (*Las Haldas*).

El Paraíso en Chuquitanta (valle de Chillón), es un conjunto arquitectónico con funciones más allá de las plenamente habitacionales, aunque no se pueda asegurar si sería un primer esbozo de centro ceremonial. El sitio, de una extensión en torno a las 50 hectáreas, lo componen una serie de recintos y cuartos construidos en piedra de campo, asentada con barro. En algunos casos este barro cumplía una función de estucado de paredes, e incluso se pueden adivinar algunos dibujos en ellas. Otros sitios en los que aparecen estructuras no habitacionales son *Culebras, Las Haldas* y *Aspero*, en Supe. Este último presenta un sistema de plataformas artificiales. Moseley y Willey (1973) propugnan que en este sitio puede observarse el paso de una sociedad igualitaria a otra que ya no lo es, así como la transición de una economía marítima a otra fundamentalmente agrícola.

En la sierra norte destaca el sitio de *Kotosh*, cerca de Huánuco, entre los montes y la selva. El yacimiento lo componen una serie de edificios de planta cuadrangular, llamados *Templo Norte, Templo Blanco* y *Templo de los Nichitos*. A este último se le llama también *Templo de las Manos Cruzadas*, porque en él, en la parte baja de uno de los nichos de la pared, aparece un relieve en estuco de unos brazos cruzados de tamaño natural. Hay que señalar la ubicación en el centro del patio del templo de un hogar o fogón, dotado de un sistema para mantener el fuego. En el caso de los constructores de estos templos, la agricultura incipiente tendría su complemento en la caza y la recolección.

Andes Septentrionales

En los Andes Septentrionales el panorama es algo diferente, especialmente en lo que se refiere al tipo de información de que se dispone, ya que encontramos grupos cerámicos más de un milenio antes que en los Andes Centrales, incluso, como apuntábamos más arriba, parece haber evidencias de grupos cuya base de subsistencia no incluía la agricultura y sin embargo eran fabricantes de cerámica.

De nuevo en torno al año 4000 a.C., observamos la aparición de asentamientos formativos, en este caso acompañados de cerámica, como resultado de un largo proceso comenzado unos 3.000 años antes. Los sitios más antiguos, localizados hasta el momento, se encuentran en la costa del Caribe colombiana.

La ventajas de este ambiente para la formación de grupos sedentarios con unas economía mixta son incuestionables. El mismo registro arqueológico se encarga de corroborar la utilización por estos grupos de toda la variedad de sistemas ecológicos ofrecidos por la zona: el mar, las playas, los manglares y las zonas ribereñas.

El sitio arqueológico de *Monsú*, cerca de Cartagena, es una pequeña loma de unos 100 metros de diámetro, en la desembocadura del Canal del Dique. Está formada por la acumulación de deshechos, conchas, huesos, piedras, cerámicas, y en ella pueden discernirse una serie de pisos de ocupación. En la base del montículo, han aparecido huellas de los postes que sustentaban una de las casas. La planta es grande y ovalada y en opinión de Reichel-Dolmatoff (1985), quien excavó el montículo, se correspondería con una casa comunal tipo *maloca*. Indicando una vida sedentaria y un siste-

ma eficaz de agricultura. Se desprende del estudio de los restos aparecidos en el montículo, que sus habitantes practicaban una economía mixta basada en el cultivo de la yuca y otras raíces, la pesca, la recolección de moluscos, bayas y semillas y la caza de pequeños animales, tan frecuentes en estos parajes.

La cerámica asociada a este estrato más antiguo es de color gris o rojiza, y la decoración es incisa o excisa, o bien una combinación de ambas técnicas. Los motivos son geométricos, predominando las formas curvas. La secuencia cultural ha sido divida en cinco períodos: Turbana, Monsú, Pangola, Macaví y Barlovento. Para el segundo de ellos, Monsú, hay una fecha radiocarbónica de 3350 a.C., lo que nos permite suponer mayor antigüedad para los estratos inferiores y la cerámica asociada a ellos, que sería la más antigua del continente americano.

El desarrollo tecnológico de la cerámica es notable, induciendo a pensar que deben existir etapas de ensayo aún no localizadas. Las vasijas son, en su mayor parte, ollas culinarias decoradas con incisiones. La forma característica, reconstruida a partir de fragmentos, es el *tecomate*, olla de gran abertura, sin pie, ni cuello y con el borde hacia dentro.

A poca distancia de Monsú se encuentra *Puerto Hormiga,* otro de los yacimientos de este período. Sus dataciones van del 3100 al 2500 a.C.. De nuevo, el sitio consiste en un basural en el que se mezclan conchas, fragmentos cerámicos, piedra y restos de diversos animales. En esta ocasión, no hay evidencias claras de que este grupo practicara la agricultura, aunque sí la recolección de plantas. La economía se centraba principalmente en los recursos marinos y en la captura de pequeños animales.

Coexisten dos tipo de cerámica, una de aspecto más tosco, con desgrasante vegetal, y otra con desgrasante de arena. La utilización de desgrasantes vegetales, tallos u hojas trituradas, produce una cerámica porosa y deleznable, que le da este aspecto tosco. Por otra parte, la superficie no recibe ningún tratamiento especial y la decoración está ausente. La cerámica fabricada con desgrasante de arena está técnicamente mejor elaborada. La decoración es incisa e impresa. En numerosos fragmentos la impresión se ha realizado con el borde dentado de una concha. También hay algunos modelados zoomorfos.

De acuerdo con los hallazgos arqueológicos la vida en esta zona de la costa del Caribe transcurre sin cambios por más de dos mil años, conviviendo grupos con muy diferentes tipos de adaptación. *Barlovento*, al noroeste de Cartagena, y *Monsú*, presentan economías muy diferentes hacia el año 1300 a.C., aunque comparten un mismo complejo cerámico. Los sitios alrededor de Barlovento son grandes conchales, restos de grupos que vivieron con una orientación básicamente marina, incluyendo la pesca en alta mar. Mientras que en la ocupación correspondiente a este momento en Monsú, la agricultura había aumentado su importancia, y se encuentran grandes azadas de *Strombus Gigas* para demostrarlo.

En Ecuador, a mediados del tercer milenio a.C., encontramos plenamente desarrollado un grupo de ceramistas y cultivadores de maíz. La *Cultura Valdivia* es ampliamente conocida por ser su epónimo el primer yacimiento en encontrarse, la que entonces (1956) se creía la más antigua cerámica americana. Las localizaciones de sitios Valdivia, así como las excavaciones, se han multiplicado y las primeras impresiones van dando paso a un conocimiento más ajustado del fenómeno. Los asentamientos se localizan tanto en la costa como tierra adentro, en las riberas de los ríos, con un patrón de asentamiento típicamente agrícola. El cultivo del maíz, que en un principio hubo de deducirse de la impronta que un grano de este cereal había dejado en la arcilla, ha sido comprobado por el hallazgo de fitolitos en excavaciones más detalladas. Del mismo modo, las suposiciones de un origen alógeno de la cerámica han sido descartadas. Incluso debajo de material Valdivia se ha encontrado un complejo cerámico diferente llamado *San Pedro*.

En el yacimiento de *Valdivia* no se recuperaron restos de casas, sólo evidencias del material del que pudieron estar hechas, el bahareque. Mejor suerte hubo

en *Real Alto* (Chanduy), situado en el interior. El poblado contaba con unas 100 viviendas, alineadas en torno a una plaza rectangular, dentro de la cual se levantaban dos montículos artificiales sobre los que debieron de erigirse edificios de mayor significación. Cada casa está representada en el yacimiento por su propia acumulación de desperdicios, sobre la que se levantaba una nueva casa son cierta periodicidad, ya que los materiales eran de corta duración. Las viviendas grandes y de planta ovalada, estarían ocupadas por una familia de unas 10 personas.

Dataciones de carbono catorce tenemos para *Valdivia*, 2600 a.C., *San Pedro*, 2750 a.C., *La Loma*, 3000 a.C. y *Real Alto*, 3200 a.C..

Los valdivianos utilizaron la concha y la piedra como materia prima para la fabricación de numerosos artefactos, pero lógicamente es la cerámica su artesanía más famosa. Hay más de 34 estilos de decoración y unas 20 formas cerámicas (Meggers, Evans y Estrada, 1965), que son variantes de las clásicas ollas, jarros y cuencos. La multiplicidad de efectos decorativos se lograba mediante la combinación de incisiones, excisiones, raspado, punteado y otras (fig. 1). Algunas llevan pintura roja en los bordes y otras están pulidas. Mención especial merecen las figurillas de este mismo material, ya que son las más tempranas del Nuevo Mundo. Están modeladas a mano, el cuerpo es de formas simples, la cara es plana de rasgos incisos y llevan una gran peluca con variedad de tocados (fig. 2). Se vienen relacionando con los cultos de fertilidad propios de las sociedades agrícolas.

Sin que estén muy claros sus orígenes, hacia 1500 a.C., aparece en el suroeste del Ecuador la *Cultura Machalilla*. La cerámica que la define es diferente de la Valdivia, predominando los cuencos carenados con decoraciones incisas en la parte superior. Hay que hacer notar la aparición por primera vez de la botella de asa estribo, que pasará a ser un elemento diagnóstico de las culturas del norte de Perú. No se aprecian cambios en la economía de subsistencia con respecto a la anterior.

Figura 1
Olla Valdivia. Combina
en la decoración las
técnicas de incisión,
punteado y pastillaje.

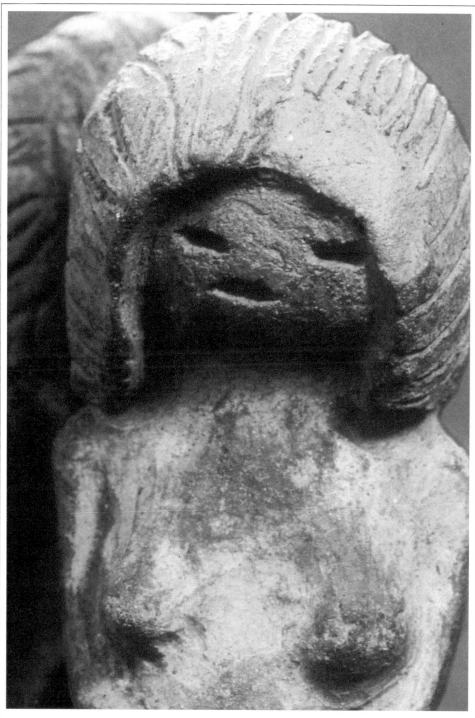

Figura 2
Figurilla cerámica.
Cultura Valdivia.

HORIZONTES TEMPRANOS: CHAVÍN Y CHORRERA (1000 - 100 a. C.)

Hemos separado este período del anterior, porque estimamos que en este momento se produce un salto cualitativo, al menos en los Andes Centrales, dentro del proceso del Formativo Andino. El cambio hacia una sociedad pre-estatal, a un primer ensayo de estado, que expande su área de influencia a las áreas circundantes, no es tan claro en el resto del Área Andina y en los extremos evidentemente no existió. No obstante, encontramos algo similar, aunque menos definido, en el Centro Sur, y con un carácter diferente pero muy extendido, tenemos el Horizonte Chorrera en el Área Septentrional. Esta aparición de diferentes zonas de integración en la mayor parte de las subáreas andinas, que son fácilmente reconocibles para los arqueólogos como horizontes cerámicos, es lo que caracteriza este período, que se corresponde con un Formativo Tardío.

Chavín de Huantar

El fenómeno Chavín, tal y como se materializa en el centro ceremonial de Chavín de Huantar, es la culminación del largo proceso del Formativo en los Andes Centrales, y lejos de determinismos geográficos, tiene algo que ver con las propias características del medio físico en que se desarrolla. Las fértiles tierras de los valles de la Costa central, acompañadas de una fuente renovable de proteínas tan rica como el Pacífico por esas latitudes, llevaron rápidamente a una optimización de la cultura neolítica en estas regiones y, en consecuencia, a un rápido crecimiento de la población, que asciende por los valles. Hay que tener en cuenta que, si bien las zonas cultivables, tanto en la costa como en la sierra, son muy productivas, son un bien escaso en los Andes. Esto origina una concentración de la población, seguida de una necesaria intensificación agrícola y una fácil acu-

mulación de excedentes. Todo el proceso desemboca en la aparición de especialistas-sacerdotes, que basan su autoridad en sus conocimientos del control de las aguas y por lo tanto en la predicción de lluvias o sequías. Un proceso diferente en sus aspectos puntuales, pero posiblemente muy similar en su desarrollo, se estaría produciendo en el área del Marañón, en la que dentro de las escasas evidencias arqueológicas, habría que destacar el complejo *Kotosh* (fase Mito) con el que se encontraban emparentados los primitivos habitantes de Chavín de Huantar.

Chavín, situado en la cabecera de un alto (3.180 metros) y estrecho valle que comunica la costa y la selva, aparece como el lugar idóneo para el establecimiento de un centro ceremonial, que permita a los sacerdotes el control del riego en las costas y, de alguna manera, el de las comunicaciones. El prestigio e influencia del centro ceremonial de Chavín de Huantar es tan grande que se produce una expansión, no militar, sino por medio de contactos intrarregionales, hacia aquellos lugares en los que la forma neolítica de vida había llegado a niveles igualmente productivos.

Los arqueólogos distinguen dos etapas de construcción en el recinto ceremonial, caracterizadas por los edificios llamados *Templo antiguo* y *Templo nuevo*. Hacia la mitad del segundo milenio, se inició la construcción del Templo antiguo, cuya orientación Norte-Sur y Este-Oeste habla claramente de su función astronómica. Los elementos arquitectónicos más destacables son: la plaza principal en forma de "U" –que repite modelos de los tempranos templos costeros– en cuyo centro se encuentra un foso circular hundido, dos plataformas laterales y una red interna de galerías subterráneas, en una de las cuales, en el centro del edificio se encuentra el "*Lanzón*", gran piedra de más de 4 metros, en la que está grabada la imagen de un personaje antropomorfo divinizado.

El Templo nuevo, con varias etapas de construcción (1000-800 a.C.), repite, con modificaciones y mayor tamaño, el trazado del antiguo. En ambos casos, el edificio principal mira hacia el Este a través de la plaza. Destaca el pórtico monumental, en el que aparecen grabadas catorce aves rapaces –*Pórtico de las Falcónidas*– y que da paso a la gran plaza rodeada de edificios secundarios. Si bien el plan arquitectónico se mantiene muy similar al de la etapa anterior, en el arte lapidario y en los motivos cerámicos se aprecia un marcado cambio iconográfico, que señala evidentes diferencias de contenido simbólico entre los cultos de ambos templos.

El *ídolo del Lanzón*, que podríamos considerar representativo de un primer, o inicial, estilo Chavín, figura un ser humano de pie, en el que el artista, sin romper la silueta, ha sustituido distintas partes del cuerpo por otros seres o atributos de éstos, como garras y dientes de felinos o pelo se serpientes, lo que le confiere un carácter "monstruoso" para el observador actual, que evidentemente tiene su explicación en un simbolismo religioso para nosotros desconocido. Otro de los exponentes característicos del arte en piedra de Chavín es el *Obelisco Tello* (fig. 3 a). Aquí, ya se pierde la silueta orgánica y la representación es aún de mayor complejidad, hay diversas interpretaciones sobre si las figuras básicas son reptiles o jaguares, pero hay acuerdo en que son una pareja en la que, de nuevo, en las sustituciones corporales aparecen los símbolos más frecuentes del estilo Chavín: dientes y garras felinos, colas de ave o pez, y la cruz escalonada con un círculo central. Aparece representado también un *Strombus*, gran gasterópodo de aguas cálidas, que en unión de otro molusco ecuatorial el *Spondilus*, va a jugar un importante papel en el ritual religioso andino. Pudiera ser que, entre otras cosas, el interés por estos dos elementos del culto fuera causa, o consecuencia, de la influencia de Chavín en el Chorrera de Ecuador, en cuyas aguas viven ambas especies.

Como ejemplo de la evolución estilística de Chavín debemos mencionar la llamada *Estela Raimondi* (fig. 3 b), perteneciente a la etapa tardía. Es un monolito rectangular (1,95 por 0,74 metros) de diorita, que pudo ser un panel decorativo del techo. La divinidad que en ella está grabada parece ser la misma del Lanzón, representada como un ser antropomorfo de cara felínica y cabellos de serpientes, portadora de dos cetros. Se puede observar una mayor geometrización en el diseño, que es una de las tendencias evolutivas del arte Chavín en general.

En la cerámica Chavín también encontramos recipientes cuyas decoraciones reflejan estos dos estilos, temprano y tardío o antiguo y nuevo, representados por los complejos cerámicos *Rocas* y *Ofrendas*. La cerámica *Rocas*, localizada en su mayor parte en las galerías subterráneas del templo, es de aspecto tosco, predominando los colores grisáceos y negros y la decoración estampada de círculos y puntos, con relieves representando figuras estilizadas de felinos u otros animales. El complejo *Ofrendas*, también recuperado en los pasadizos subterráneos, es de mayor calidad técnica y se aprecia un considerable aumento de tipos y formas. Destaca la cerámica roja pintada al grafito y la aparición, en la decoración en relieve, del tema de las rapaces junto al más antiguo del felino.

En un momento dado, la influencia y el poderío "espiritual" de Chavín de Huantar se vuelve hacia las zonas costeras que en su día lo impulsaron, en un fenómeno de expansión, cuyas implicaciones políticas no están muy claras, pero que en cualquier caso significa un cierto poder hegemónico de este centro ceremonial sobre los que, con características regionales propias, se están desarrollando en los valles costeros desde Lambayeque y la sierra de Cajamarca hasta Ica y Ayacucho. De estos centros costeros los que han recibido mayor atención arqueológica son los de *Cerro Blanco* en Nepeña y los de los valles de Casma y Chillón. Lo más destacable, desde el punto de vista de la arquitectura, es su adaptación a los diferentes materiales constructivos, representándose ahora en relieves de arcilla las rígidas fórmulas convencionales del arte Chavín. Hay que hacer notar que es en estos materiales más dúctiles,

A

B

Figura 3
A) Obelisco Tello.
Cultura Chavín.
B) Estela Raimondi.
Cultura Chavín.

especialmente la cerámica, en los que se va a difundir el estilo Chavín, lo que permitirá a los arqueólogos identificar rasgos "chavinoides" en un área muy extensa y hablar de un horizonte Chavín.

El altiplano

Hoy ya nadie duda de la importancia, que la meseta que circunda el lago Titicaca, tuvo en la puesta en marcha del proceso que desembocó en la llamada civilización andina, pero los distintos condicionantes de las investigaciones arqueológicas hacen que todavía existan muchos interrogantes acerca de las circunstancias de su desarrollo.

Una de las características diferenciadoras del proceso en este área es que, debido a las condiciones climáticas, si bien ésta es la zona de origen de importantes plantas cultivadas, como la patata y la quinoa, la generación de excedentes se orientará hacia productos no agrícolas, especialmente lana de alpaca, piedras semipreciosas y metales. Estos últimos (oro, cobre, plata, zinc y mercurio) se encuentran en abundancia en las cercanas montañas y de ellos habría que destacar la industria del cobre, que se originó en esta región y presupone unos conocimientos técnicos considerables para la época que nos ocupa. En estas circunstancias, la expansión mediante el comercio y el intercambio es uno de los aspectos más reseñables en el área, junto con la importancia de la ganadería y la producción agrícola. Con referencia a este último punto, las cercanías del lago Titicaca no sólo son el lugar de origen de la mayoría de las plantas de altura andinas, como dijimos más arriba, sino que en sus proximidades se han encontrado campos de "camellones", nombre que se da por su aspecto –alternancia de lomas y surcos– a unos campos elevados de cultivo, que utilizaban un ingenioso sistema de riego por inundación. Este método, que en principio se pensó propio exclusivamente de planicies de inundación, por ser los llanos de Venezuela y la cuenca del río Guayas los primeros lugares en los que se identificó como un sistema específico, se está localizando, cada vez con más frecuencia,

en las tierras altas, sobre todo asociado a redes lacustres, como el Titicaca, del que hablamos, o el lago San Pablo en los Andes ecuatorianos. Asimismo, este método de irrigación se está revelando cada vez más temprano y todo parece indicar que estaba en pleno funcionamiento en el momento que nos ocupa (*circa* 1300 a.C.), tanto aquí, como en la citada cuenca del Guayas. La cría de ganado es, por su parte, uno de los aspectos más diferenciadores de esta subárea, pues, aunque la encontramos por toda el área alto andina, nunca con tanta magnitud ni especialización como aquí.

El desarrollo cultural en torno al lago está representado por tres fases culturales: *Chiripa* (1300 - 10 a.C.) y *Qaluyu* (1000 - 500 a.C.) y *Pucará* (500 - 100 a.C.), cuya influencia parece ser que se extiende a la zona de Cuzco con los complejos *Marcavalle* y *Chanapata*.

Chiripa aparenta un sistema de organización básicamente aldeano, no obstante, hay restos de edificios de probable carácter ceremonial, dadas sus coincidencias constructivas con los templos de su contemporánea Pucará. Las características cerámicas varían, lógicamente, según nos refiramos a las diferentes subfases. El Chiripa más antiguo lo componen ollas y cántaros de color oscuro y fondos redondeados, con poca decoración y desgrasante micáceo. En la fase media, hay una decoración negro y crema sobre rojo, de diseños geométricos, con desgrasante vegetal. La cerámica más conocida es la perteneciente al Chiripa tardío, que conserva los aspectos decorativos de la etapa anterior, pero sobre una cerámica más finamente trabajada, en la que predominan los cuencos rectos de bases planas.

Menos se sabe de la fase *Qaluyu*, que aparentemente está más extendida, ya que en muchas áreas aparece oculta bajo la posterior, Pucará, más conocida. Parece ser que la población era mayor y vivía más aglutinada que en la zona de influencia Chiripa y esto fue gestando el posterior desarrollo urbano de Pucará. La cerámica se puede dividir en dos grandes grupos de acuerdo con sus técnicas decorativas: inciso o pintado. Destacando en este último grupo la cerámica tricolor.

La cultura Pucará es considerada por

algunos autores (Kubler, 1986), al menos en sus representaciones artísticas, como una etapa primitiva del estilo altiplánico más característico: *Tiauhanaco*. De sus construcciones arquitectónicas apenas quedan los cimientos de arenisca roja, pero se están efectuando en la actualidad interesantes trabajos arqueológicos. El centro ceremonial está formado por un recinto principal de planta semicircular cerrada, rodeado de cámaras y plataformas laterales, con un gran patio cuadrangular hundido en el centro al que acceden un conjunto de pequeños recintos. El patio está revestido de losas de color blanco y, como los pequeños cuartos conservan el color rojo de la materia prima de la construcción, se ha dado en llamar al conjunto *"Templo Blanco y Rojo"*. Todo este conjunto se encuentra sobre una gran plataforma piramidal, formada por una serie de terrazas escalonadas, que lo levantan más de 20 metros sobre el paisaje. Asociados a estas edificaciones, y también en otros lugares de la zona, se encuentran una serie de monolitos de gran belleza de ejecución. La técnica lapidaria y los motivos de los relieves son similares a los más conocidos de Tiahuanaco, siendo la principal diferencia sus formas de cuerpos redondeados. Motivos muy frecuentes en estelas, son los relieves planos de volutas simétricas y líneas en zigzag y las representaciones estilizadas de *suches*, peces comestibles del lago, que hablan del importante rol que el Titicaca debía de estar jugando en el conjunto de la cultura Pucará.

Las decoraciones cerámicas se asemejan a las escultóricas y vuelven a diferenciarse de las posteriores en el área por sus planos redondeados y sus figuras curvilíneas. Las vasijas se decoran con cabezas felinas y humanas y tienen generalmente un grueso engobe rojo pulido básico, sobre el que el artista ejecuta sus dibujos, bien grabados o pintados en negro y amarillo.

El Sur

Tenemos muy pocas evidencias para la zona, que más tarde quedará de lleno dentro de la expansión Tiahuanaco, pero habría que destacar, por más conocido, el complejo cerámico *Alto Ramírez*, ya tardío (200 a.C. - 400 d.C.), en la zona costera de Arica. Este complejo, de formas cerámicas sencillas, se encuentra asociado a aldeas aglutinadas y en desarrollo. El elemento diagnóstico es el tejido, cuyos motivos recuerdan los relieves de Pucará. Las bases económicas eran agrícolas y existían trabajos en cobre, oro y plata.

Horizonte Chorrera

Aunque quizás el término horizonte no sea estrictamente el apropiado para denominar esta etapa del desarrollo histórico de los Andes Septentrionales –en este caso Ecuador y sur de Colombia–, dado que las distintas fases Chorrera conservan un grado de diversidad considerable e igualmente el lapso temporal es muy amplio, creemos que es el que más fácilmente puede definir una situación en la que el área se integra en algún sentido, como se desprende de la difusión por toda ella de una técnica de fabricación y decoración cerámicas sumamente características, que es lo que llamamos estilo Chorrera.

El desarrollo de este formativo tardío en el área que nos ocupa es contemporáneo de Chavín, si bien no presenta el carácter pre-urbano de éste, manteniendo un modo de vida aldeano, bien adaptado, en el que la comunicación y el intercambio parecen haber jugado un gran papel. Evans y Meggers situaron el período Chorrera típico entre 1800 y 500 a.C., más tarde Lathrap, Collier y Chandra propusieron para el Formativo Tardío ecuatoriano las fechas de 1000 a 300 a.C. más de acuerdo con las fechas de radiocarbono que se han ido obteniendo. A la luz de las nuevas excavaciones en el sitio de La Tolita, yacimiento de gran importancia dentro de la arqueología de esta subárea, como veremos en el próximo apartado, y con el fin de englobar su fase temprana y otras colombianas como Inguapi, proponemos extender la duración del período hasta el comienzo de la era cristiana, sin menoscabo de que en zonas del sur el proceso de regionalización ya llevara siglos de desarrollo.

La cerámica Chorrera de la costa es más conocida, ya que, durante mucho tiempo, ésta ha sido una zona favorecida por los estudiosos de la arqueología ecuatoriana, dada la importancia y significación de los yacimientos costeros. A partir de los materiales suministrados por estas excavaciones, se han reconocido varias fases: *Chorrera* y *Guayaquil* en el Guayas, *Engoroy* en la península de Santa Elena, *Chorrera-Bahía* y *Bahía I* en Manabí, *Tachina* y *Pre-Tolita* en Esmeraldas e *Inguapi* en el sur de Colombia. Todas comparten, con lógicos particularismos, unos mismos rasgos formales en la ejecución y decoración de las vasijas cerámicas. La cuidadosa selección de las arcillas y su particular modo de cocción le da a la cerámica Chorrera un inconfundible aspecto, en el que destacan el nervio central grisáceo y la finura y sonoridad de sus paredes. Son igualmente característicos los gruesos engobes rojos, blancos, cremosos o negros muy bien pulidos, que cubren toda la vasija o se combinan en zonas. Las decoraciones que destacan son las incisas –son diagnósticas una o dos líneas paralelas en el borde de los cuencos– las negativas, conseguidas mediante el ahumado de la vasija una vez cubierto el diseño decorativo con una capa protectora, y la pintura iridiscente, a base de pigmentos de hematites especular, que le dan un brillo metálico cuando se ahuma. Esta última técnica decorativa aparece idéntica en el sitio de *La Victoria* en Ocós (suroeste de Guatemala), fase *Conchas* (900-150 a.C.), período durante el cual parece evidente que hubo un nexo cultural entre ambas áreas, ya que, junto con la pintura iridiscente, hay otra serie de rasgos compartidos. Se ha postulado (Coe) un contacto marítimo entre las dos regiones y una dirección Ecuador-Guatemala, en la difusión de esta técnica decorativa en concreto.

A pesar de la innovación que suponen algunas de las técnicas de decoración Chorrera, lo más destacable de su cerámica es la gran variedad de formas de las vasijas y la perfección de su modelado. Los recipientes imitan todas las figuras de la naturaleza, vegetales (calabazas, tubérculos, frutas) y animales (perros, monos, sapos, osos hormigueros, peces, tortugas, murciélagos), tan fidedignamente que es fácil reconocer la especie que representa. Esto contrasta fuertemente con el simbolismo de las manifestaciones de su contemporáneo Chavín. Sumamente indicativas son las botellas con un alto y estrecho vertedero y asa lateral, en la que es frecuente que se encuentre alojado un sil-bato que funciona con el cambio de presión producido al llenar o vaciar la botella (fig. 4).

Las figurillas no son ahora tan abundantes en el área como durante el Formativo Temprano. Las hay sólidas, generalmente más pequeñas, y huecas de tamaño mayor y con rasgos muy singulares: ojos de tipo grano de café, brazos y piernas abultados y cortos, y un gorro o turbante en la cabeza que semeja un casco.

No se conservan restos de edificaciones, que estarían realizadas con materiales perecederos, aunque sí tenemos vasijas que muestran dos tipos de casas: redondas, de paredes verticales y techo cónico, unas y otras más amplias de planta rectangular y cubierta a dos aguas. En estas condiciones es más difícil estimar la magnitud de los poblados, pero la misma extensión de sitio epónimo *Chorrera,* en el Guayas, y los más recientes hallazgos en *Cotocollao,* en la sierra, hablan de asentamientos de un cierto tamaño y densa población. Por otro lado el reciente descubrimiento de cerámica Chorrera asociada a campos de cultivo elevados en el Guayas, confirma los indicios, aportados por dos fechas radiocarbónicas (2005 y 590 a.C.) de los suelos en la base de los camellones, acerca de la antigüedad de estas obras de ingeniería agrícola, que suponen un alto nivel de organización social. Presumiblemente, la cima de los camellones era usada como semillero durante las épocas de inundación y en las de sequía era posible sembrar en las zonas bajas, que habrían retenido la humedad.

Finalmente, hacer referencia a que durante este período se advierte un uso intenso y generalizado de la obsidiana, cuyas fuentes de materia prima están en la sierra volcánica, constituyendo una prueba más de la interrelación de ambas zonas.

Figura 4
Botella silbato con
decoración en negativo.
Cultura Chorrera.

El horizonte Chorrera está representando en la sierra por las fases *Chaullabamba* en el sur y *Cotocollao* en las proximidades de Quito. En los territorios ocupados por las gentes de Chaullabamba es diagnóstico el uso masivo de la concha como material para la fabricación de variados utensilios, lo que refrenda nuevamente la observación, hecha más arriba, acerca de la intensidad de la relaciones entre las diferentes manifestaciones de la cultura Chorrera. Las conchas de *Spondylus*, *Strombus* y *Anadara grandis* eran convertidas en placas o pequeñas figuras grabada, cuentas, o utilizadas enteras como trompetas o con otros fines rituales. La asociación formada por el *Spondylus* y el *Strombus*, que tiene un patente carácter ceremonial en toda el Área Andina, es especialmente evidente en estos horizontes Chavín-Chorrera, pero mantendrá su significación durante todo su desarrollo histórico.

Mención especial merece el sitio de *Cotocollao*, en la ladera del Pichincha a 2.850 metros de altura, ya que es el yacimiento formativo más antiguo de los encontrados en la sierra ecuatoriana. El poblado estuvo situado en las cercanías de un lago, hoy desaparecido, y las excavaciones han revelado que en él vivieron más de un millar de personas en casas rectangulares (4 x 6 metros). Igualmente, ha sido localizado el cementerio, ocupando un lugar prominente dentro del conjunto, en el cual se aprecian hasta tres patrones diferentes de enterramiento, que se corresponden con las distintas fases de ocupación que es posible apreciar.

El asentamiento estuvo ocupado al menos desde el 1500 a.C., y sus primeras cerámicas comparten rasgos con las de la

Figura 5
Cuenco tallado en piedra. Cultura Cotocollao

cultura Machalilla, siendo el "asa estribo" el más evidente. Es en su segunda etapa (1300-900 a.C.), cuando las vinculaciones con Chorrera son más claras, encontrándose "botellas silbato", formas carenadas y pintura iridiscente. En un tercer momento de la ocupación (900-500 a.C.) aparecen unas vasijas hondas, de paredes verticales y base troncocónica, que son típicas de la cultura de Cotocollao y que tienen su réplica en piedra (fig. 5). Sin estudiar todavía, pero compartiendo las características que les hemos presentado, se han localizado asentamientos diseminados por una amplia faja de terreno, desde las laderas del Pichincha a 3.000 metros de altura hasta los cercanos valles templados.

En otro orden de cosas, Peterson cree haber encontrado semejanzas en la cultura Cotocollao, no sólo con el Chorrera costeño y serrano del sur, sino incluso con el boliviano *Kotosh*, lo que pone de nuevo de relieve la intercomunicación de las distintas subáreas andinas durante los mil años anteriores a nuestra era.

El Norte

El horizonte Chorrera se extiende en sus manifestaciones tardías al menos hasta el Golfo de Buenaventura, por la costa pacífica, aunque faltan estudios detallados y sólo se ha descrito (Bouchard, 1984) la fase *Inguapi* (325-50 a.C.) cerca de Tumaco. Algo similar ocurre al interior, en el departamento de Nariño, subiendo por el valle del Cauca. Por otro lado, algunos autores ven una cierta influencia Chavín en las primeras fases de *San Agustín*.

Durante este período, en la costa Caribe de Colombia se advierte un desarrollo independiente de cada una de las pujantes culturas formativas que nacieron en los tiempos más tempranos y que, en algunos lugares, mantienen su condición de tales hasta fechas muy tardías. Coincidiendo en el tiempo con otras, ya al inicio de la etapa clásica, pasando de una a otra, aparentemente, sin un horizonte de integración similar a los que se dan más al sur.

No obstante, esta impresión puede deberse a falta de información. Reichel

Dolmatoff (1986) propone designar con el nombre de *Segundo Horizonte Inciso* a un material cerámico que se encuentra diseminado, con gran abundancia, por las riberas de los ríos en las zonas de Zambrano, Plato y Pinto, en el bajo río Magdalena, pero que también aparece en el río Sinú, hacia el Golfo de Urabá, la hoya del río Ranchería y otros, encontrando el autor citado ciertas similitudes con la cerámica temprana de San Agustín. Las formas de estas vasijas son cazuelas bajas, de gran abertura y fuertes carenas y recipientes con vertedera doble o vertedera en forma de estribo. El color es grisáceo o negruzco y la decoración motivos geométricos incisos. Todo esto recuerda fuertemente la fase ecuatoriana Machalilla, de la que la *Tradición Zambrano*, nombre con el cual Reichel Dolmatoff denomina al complejo cerámico descrito, sería el origen, perdurando luego durante más tiempo en tierras colombianas. Representantes típicos de este Segundo Horizonte Inciso colombiano serían la citada *Tradición Zambrano* y el sitio de *Momil*.

La importancia del yacimiento citado en último lugar, Momil, situado en las orillas de una laguna en el bajo río Sinú, radica en que en él se ha podido seguir el proceso de cambio de un régimen alimenticio basado en los tubérculos (yuca) a otro fundamentado en el cultivo de semillas (maíz). Los restos arqueológicos de la primera fase de Momil no aportan indicios de cultivo de semillas, por el contrario, aparecen recipientes relacionados con el cocinado de la yuca. Se encuentran también en esta fase las primeras cerámicas pintadas (rojo, negro y crema). En *Momil II*, que entraría más de lleno en el período que nos ocupa, es popular, en la decoración cerámica, la pintura negativa, y lo más destacable es la aparición de un importante conjunto de instrumentos líticos relacionados con la molienda de granos. Las tres fechas de carbono catorce, conseguidas en las excavaciones, están en torno al 200 a. C., lo que plantea un interesante problema en torno a la aparición tan tardía de maíz en esta zona. Pero, en otro orden de cosas, estas fechas coinciden básicamente con las "chorrerianas" para *Inguapi* y *Pre-Tolita* en la costa del Pacífico.

CLÁSICO (100 a.C. - 600 d.C.)

Andes Centrales

En la presentación de las culturas que se desarrollaron durante este período en el área andina, que se caracteriza, de una manera general, por ser un momento de florecimiento artístico y de regionalización, vamos a comenzar por aquellas que lo hicieron en los Andes Centrales. Éstas presentan unas ciertas semejanzas, quizás resultado de unas condiciones geoclimáticas parecidas, que unifican sus materiales de construcción, sus sistemas agrícolas, etc.

Cultura Moche

La cultura *Moche*, o *Mochica*, se expandió, desde su centro nuclear en los valles de Moche, Chicama y Virú, a través de unos 300 kilómetros de costa y con una penetración media hacia el interior de unos 50 kilómetros, dejando su impronta en un crecido número de valles septentrionales peruanos desde Lambayeque hasta el río Nepeña. Se sitúa temporalmente entre los comienzos de nuestra era y el año 700 d.C., con su cenit en torno al año 550 d.C. La capitalidad política, que en los primeros siglos se mantiene en los valles sureños, alrededor del año 600 d.C., desplaza su centro de gravedad hacia el norte, siendo en estos momentos el núcleo de mayor importancia *Pampa Grande* en Lambayeque, con un número de habitantes cercano a los diez mil. En las proximidades de esta última población se encuentra la pirámide de Sipán, en la que la localización de una tumba intacta de un "señor" Moche, en el verano de 1988, representa uno de los hallazgos arqueológicos más importantes de los últimos tiempos.

De lo que se desprende de sus restos arqueológicos, debió de ser una sociedad teocrática, con un definido carácter militarista. Los sacerdotes gobernantes se mantendrían en el poder a través del control del uso y la construcción de las abundantes obras hidráulicas, cuya mano de obra era empleada posteriormente en las monumentales edificaciones religiosas. Por otro lado, la constante presencia en las representaciones artísticas de prisioneros atados, con una soga al cuello (¿esclavos?), y de crueles escenas de guerra nos indican la importancia de esta actividad como medio de expansión externa y muy probablemente de coerción interna.

El sistema agrícola se mantenía gracias a las grandes obras de control y conducción de aguas, entre las que tienen merecida fama la presa de *San José*, con cientos de miles de metros cúbicos, la acequia de la *Cumbre*, que guía el agua por más de 100 kilómetros y el acueducto *Ascope*. Otro aspecto importante de la economía era la pesca, que se ejercitaba, tanto en grandes embarcaciones como en pequeñas balsas de juncos, complementándose con la recolección de moluscos. Los animales domésticos eran el pato, el cuy y la llama.

La arquitectura moche utiliza el adobe como principal materia prima, tanto en las viviendas como en los recintos ceremoniales. En estos últimos, las paredes estaban frecuentemente recubiertas de murales. Eran grandes construcciones de carácter piramidal, entre las que destacan las llamadas *Huaca del Sol* y *Huaca de la Luna*, en el valle de Moche. En la primera, de 50 metros de altura, sobre un basamento de cinco terrazas arranca una pirámide escalonada con otras cinco plataformas. La Huaca de la Luna es de menor tamaño, 21 metros, pero conserva numerosas habitaciones con murales. De gran importancia son también los centros de *Peñamarca* y *Batán Grande* y muchos otros en los que no podemos detenernos.

Siguiendo con la arquitectura, cabe mencionar las construcciones militares, de grandes dimensiones, las cuales se localizaban preferentemente en las crestas de las montañas y tenían intrincadas redes de escaleras y pasadizos. Las casas, tal y

Figura 6
Botella retrato. Cultura
Moche.

Figura 7
Botella de asa estribo
con escena de guerra
pintada y figura de
guerrero. Cultura Moche.

como se desprende de sus representaciones en cerámica, eran de un solo cuarto y con techo a una o dos aguas.

La cerámica Moche es de gran interés por su abundancia y porque en sus decoraciones ilustra la vida social y religiosa de este pueblo. Larco Hoyle, que ha estudiado detenidamente esta manifestación de la cultura Moche, la divide en cinco fases, cada una de las cuales se diferencia de las otras por variaciones en las formas de las vasijas, sus porcentajes de aparición o sus decoraciones más frecuentes, pero formando todas ellas un conjunto muy definido. Hablando en general, las formas más características son los vasos-retrato (fig. 6), los antropomorfos de cuerpo entero y los que figuran animales o plantas. También los vasos con asa estribo (fig. 7), y los de pico y puente. Su decoración es pintada y modelada. Las representaciones, algo rígidas, son fundamentalmente realistas, pero ejecutadas dentro de un contexto religioso. Aparte de los retratos, en los que encontramos información sobre el tipo físico y el status, a través de los cubrecabezas, gorros y adornos, tenemos representaciones de objetos muy variados como vasijas, hachas, macanas y otros –hay un famoso mural llamado *La rebelión de los objetos*–, así como de escenas de guerra, caza y pesca. Igualmente, hay una nutrida representación de escenas y personajes mitológicos, apareciendo con mucha frecuencia la figura del shamán.

No hay grandes obras escultóricas en piedra, aunque se han conservado algunas en madera, figuras de prisioneros y bastones de mando. Trabajaban el oro, plata, cobre y plomo, y los tejidos estaban elaborados con telar de mano utilizando algodón y lanas de llama y vicuña.

Debido a las condiciones climáticas, se han encontrado tumbas en muy buen estado de conservación y por ellas se puede saber que la expectativa de vida de los habitantes de estos valles estaba en torno a los 55 años. Los difuntos eran colocados derechos, con los brazos extendidos a los largo del cuerpo y los pies cruzados. Acompañándolos aparecen, vasijas, huesos animales y textiles con discos de cobre cosidos.

Cultura Virú

La *cultura Virú*, a la que algunos autores prefieren denominar *Gallinazo*, aparece en los valles de Chicama y Virú en sustitución de la cultura Salinar, para ser prontamente sustituida en el primero de ellos por la cultura Moche y continuando su desarrollo en el del Virú, aproximadamente hasta el tercer siglo de nuestra era, momento en el cual el valle entra dentro de la onda expansiva Moche.

Los trabajos que sobre el patrón de asentamiento de la región –pioneros en este tipo de estudios– realizaron Gordon Willey (1953) y su equipo, nos muestra un tipo de vida aldeano, con poblados aglutinados, que en algunos casos muestran cierta planificación, y caserones semidispersos con cimentación de piedra. Hay también plataformas piramidales, de hasta 25 metros de alto, con edificios habitacionales, comunales, administrativos y religiosos. Similares, en su estructura, son unas construcciones rodeadas de muros fortificados de evidente carácter defensivo.

La base de la economía era la agricultura, en cuyo desarrollo satisfactorio cooperaba un avanzado sistema de irrigación. Dentro de los rasgos distintivos de esta cultura, destaca el empleo frecuente, por primera vez en los Andes Centrales, de la pintura negativa como técnica decorativa de las vasijas cerámicas. De entre las formas sobresalen las modeladas como de seres humanos o animales, con un gollete recto y asa tubular, que muchas veces incluye un pitorro silbador (fig. 8).

Cultura Recuay

El lugar de desarrollo de la *Cultura Recuay* es el Callejón de Huaylas, principalmente en las proximidades del río Santa. Uno de los aspectos que la diferencia de las anteriores es su carácter a la vez costeño y serrano, lo que se manifiesta en un tipo de adaptación distinto.

La importancia que los edificios ceremoniales parecen tener en las culturas anteriormente tratadas es sustituida aquí por las tumbas. A éstas se accedía por un

Figura 8
Vaso cerámico con
motivo fálico. Cultura Virú.

tragaluz, al que seguía un tubo de un metro de largo por 65 centímetros de ancho, que finalizaba en una cámara, sellada con una gran laja de piedra. La estancia, de unos siete metros de largo por uno de alto, tenía igualmente recubierta de lajas de piedra el techo y las paredes, siendo el piso de arcilla. No se han recuperado grandes ofrendas en los entierros, pero es de destacar la importancia del cobre.

Los alfareros de Recuay decoraban sus vasijas con pintura positiva, negativa o con modelado, y muy frecuentemente con combinaciones de ambas técnicas. Los motivos más frecuentes son los zoomorfos y las cabezas trofeo. No obstante, es en la escultura en piedra donde el artista Recuay manifiesta más originalidad. Se distinguen dos estilos: *Aija* y *Huarás*. El primero es fundamentalmente estatuario y muy uniforme, siendo las principales representaciones –grandemente repetidas– la de un guerrero de rasgos faciales muy prominentes, rico tocado, armas, cabeza o cabezas trofeo y grandes orejeras, y la de una mujer con la misma técnica de ejecución pero de menor tamaño y sin los símbolos guerreros. El segundo, Huarás, es más sencillo y menos homogéneo.

Cultura Lima

Los arqueólogos distinguen generalmente dos etapas dentro de la *Cultura Lima*, si bien se refieren a ellas con distintos nombres, lo que puede producir cierta confusión, los que están tomando más aceptación son *Playa Grande* y *Proto-Lima*. Los restos materiales de esta cultura se encuentran diseminados por los valles centrales costeros de Chancay, Lurín, Lima y Chillón.

El sitio de *Playa Grande*, en la playa de Ancón, debe su fama a los motivos decorativos de sus cerámicas que presentan una manera muy especial de dibujar peces y serpientes entrelazadas, de cabeza triangular y cuerpo alargado, que tipifican la cultura Lima. Las formas más frecuentes de las vasijas son las mamiformes, los vasos rectos, las tazas pequeñas y las ollas de cuello expandido.

Por su parte, el complejo *Proto-Lima* destaca más por sus edificaciones, la más famosa de las cuales es la *Huaca Maranga*, situada en la propia Lima, en las proximidades de su Ciudad Universitaria. Junto con otras construcciones, se erige una pirámide de 270 por 100 metros de base y unos 15 de altura, toda ella de adobes paralelepípedos. Cercanas, en el valle de Lurín, se encuentran las grandes pirámides de *Pachacámac,* que estaban en uso en tiempo de los incas y que actualmente se encuentran en muy mal estado de conservación.

Tenemos también construcciones de carácter civil, destacándose los conjuntos habitacionales de *Cerro Trinidad* en el valle de Chancay y el *Cerro Culebras* en el de Chillón, por sus murales polícromos de peces entrelazados, diseño característico de esta cultura, tal y como hemos dicho con anterioridad.

Dadas las buenas condiciones que para su conservación se dan en la zona, se ha encontrado abundante material textil, cuyos motivos son la inspiración de las decoraciones cerámicas, y muñecas de trapo asociadas a enterramientos.

Cultura Huarpa

Todavía está por determinarse el verdadero alcance de la *Cultura Huarpa*, que es aparentemente una manifestación regional de la zona de Ayacucho. Lo más destacable es su tecnología de irrigación, que posibilitó la explotación agrícola de un área de cultivo cinco veces mayor que la

actual (Lumbreras, 1983: 204). La estrategia principal se orientó a la modificación de terreno mediante la construcción de andenerías, de excelente ejecución técnica, y cuya disposición condicionaba la distribución de la numerosa población en aldeas diseminadas por la cuenca del río Mantaró.

La cerámica, muy uniforme en general, presenta una decoración geométrica, pintada en rojo y negro sobre blanco, y ha sido dividida en una fase temprana y otra tardía.

Cultura Nazca

La *Cultura Nazca* es una de las más conocidas del mundo andino debido a las definidas características de sus cerámicas, que se reparten por todos los museos del mundo, y –como no– a las "misteriosas pistas" trazadas por estas gentes en la soledad del desierto.

La influencia Nazca se expande por los valles de Chincha, Pisco, Nazca y Lomas, aproximadamente entre los años 100 a 800 d.C. El carácter de esta expansión parece ser pacífico y basado en las relaciones comerciales, si bien, de las representaciones artísticas se desprende una estratificación social rígida y un posible sistema esclavista.

A pesar de la importancia del comercio, la agricultura era la base de la sociedad nazca, como las que hemos visto con anterioridad. A caballo entre la religión y la agricultura, se encuentran las interpretaciones de los famosos *geoglifos* dibujados en la pampa de *Ingenio* entre Nazca y Palpa. Éstos consisten en diseños geométricos o de figuras de animales (monos, pájaros, arañas, etc.), conseguidos retirando las piedras que cubren el suelo original del desierto, con el fin de dejar al descubierto una línea de coloración más clara, y de un tamaño, tan descomunal, que sólo puede contemplarse su perfil completo desde el aire (fig. 9). Sin que sea posible, por el momento, probar ninguna de las interpretaciones que se han propuesto, una explicación probable es considerarlas una especie de gigantesco zodíaco, cuya finalidad fuera ayudar a los sacerdotes en sus observaciones

Figura 9
"Ovillo con aguja" Detalle
del dibujo en el desierto.
Cultura Nazca.

Figura 10
Vaso cerámico. Cultura
Nazca.

astronómicas, tendentes a fijar el calendario de las actividades agrícolas (María Reiche, 1969)

Puesto que la mayor parte de los estudios acerca de esta cultura se han realizado sobre sus cerámicas, son los cambios en las técnicas y motivos decorativos de éstas los que se han utilizado para su subdivisión en fases. Estas fases reciben diversos nombres según los diferentes autores, pero básicamente suponen una etapa transicional Paracas-Nazca (I), dos fases de florecimiento (II y III) y otra tardía (IV), todas ellas divididas en numerosas subfases. Las formas son muy variadas y, con preferencia, de suaves superficies curvas, sobre las cuales los dibujos, grabados o pintados, van a tener como protagonista el color, consiguiendo los alfareros de Nazca hasta doce colores distintos en sus pinturas cocidas, sobre las que luego, en algunos casos, se aplicaba un barniz (fig. 10). En cuanto a la iconografía, de una manera general, predomina un hombre vestido con complicado ropaje y atributos de origen felino.

Los colores y la iconografía se repiten en los tejidos, de los que se han encontrado gran variedad de cinturones, mantos, camisas, turbantes y otros, elaborados mediante la técnica del tapiz o el brocado.

Mucho menos se conoce sobre los asentamientos de la población siendo las principales fuentes de información los yacimientos de *Cahuachi* en el valle de Nazca, *Cordero Alto* en el de Ica y *Dos Palmas* en el de Pisco. En la fase más antigua de ocupación de *Cahuachi* aparecen pequeños recintos de adobe, pero las viviendas fueron construidas con *quincha* (cañas recubiertas de barro). Después la población adquiere mayor importancia, hasta adquirir la "capitalidad" (Strong, 1957) y en ella se construyen edificios públicos de forma piramidal. En *Cordero Alto* existen restos de casas con cimientos de piedra y *Dos Palmas* es un poblado aglutinado en forma de colmena.

Andes Septentrionales

Quedan dentro de este apartado las culturas que se desarrollaron en el norte de

Perú, Ecuador y Colombia. La extensión del área y la diversidad de sus paisajes y tradiciones nos obligan a hacer una selección de las más nombradas y referirnos a ellas brevemente. La mayor parte representan jefaturas en distintos grados de evolución, ocupan regiones no muy extensas y tienen un desarrollo independiente, aunque mantienen relaciones, fundamentalmente comerciales, con las culturas próximas y más alejadas.

San Agustín

No podemos identificar como pertenecientes a una sola cultura la diversidad de restos arqueológicos que aparecen en la región de *San Agustín* en el Macizo Colombiano, y tampoco asociarlos a un período temporal exclusivo, ya que el yacimiento estuvo ocupado desde el formativo hasta tiempos históricos. El momento que nos ocupa comprende los cuatro primeros siglos de nuestra era y se relaciona con el complejo cerámico *Isnos*, el cual entra dentro de lo que Reichel Dolmatoff llama *Primer Horizonte Pintado*.

La población de San Agustín era densa en esta época y se dispersaba en aldeas, sin que se halla podido localizar un centro neurálgico. Hay evidencias de diversas actividades relacionadas con la modificación del terreno, como caminos, explanadas o terraplenes.

Lo más destacado es su arte escultórico monumental. Más de 320 figuras humanas de pie se reparten por la zona arqueológica, asociadas a pequeños santuarios o tumbas, conocidos en la zona como "mesitas", por su aspecto, ya que consisten en una planta rectangular cubierta por una gran losa, que apoya sobre los muros o sobre figuras de atlantes. Los rasgos estilísticos más diferenciadores son dientes de puma, cabeza desproporcionadamente grande y trazado combinado de ojos y nariz.

Tierradentro

Lo más conocido de esta gran zona arqueológica, entre los valles del río

Magdalena y el Cauca, son sus tumbas excavadas en la roca. Estas tumbas tienen, en su mayor parte, planta oval, tejado inclinado y nichos separados por pilastras, y se accede a ellas por un pozo escalonado. Paredes y pilastras, enyesadas previamente, están decoradas con relieves o pinturas geométricas en rojo, negro y naranja.

De nuevo nos encontramos con dificultades a la hora de adscribir a un período determinado las diferentes tumbas. Una serie de rasgos, como son las pinturas geométricas y su colorido, las plantas ovales y algunos de los tipos cerámicos, relacionan Tierradentro con grupos amazónicos.

Culturas Calima y Tolima

Gran parte de las culturas arqueológicas colombianas se identifican por su orfebrería, ya que, lamentablemente, la falta de excavaciones es suplida con la información que aportan las colecciones de los museos y particulares, obtenidas a través de los "huaqueros", siendo estas piezas de oro y plata las más codiciadas. De ellas, las que podemos situar dentro del período clásico con menos posibilidad de equivocarnos son las *Culturas Calima y Tolima*.

En la parte alta del valle del río Calima, se han encontrado cientos de objetos, pectorales, alfileres y adornos de oro –en su mayor parte aleaciones *tumbaga* de oro y cobre– trabajados en frío por martillado o mediante vaciado. Las formas más características son los pectorales arriñonados y los alfileres con figuras diminutas. Existen ciertas semejanzas estilísticas con San Agustín en el tratamiento de las máscaras (fig. 11) y los rasgos felínicos.

El estilo Tolima tiene su centro en una región rica en cobre, en la cabecera del río Saldaña, y se define por sus piezas de alta ley y superficie plana y recortada, representando figuras esquemáticas de hombres o animales, en especial aves, murciélagos y ranas. Son típicos el remate final de las figuras en forma de ancla y la utilización de la falsa filigrana y el alambrado en su decoración.

Cultura Tumaco-Tolita

El significado de la *Cultura Tumaco-Tolita* o *La Tolita* es todavía de difícil interpretación. Su influencia se extiende por la costa sur de Colombia y la parte norte de la provincia de Esmeraldas. El yacimiento más conocido, *La Tolita* en Esmeraldas, situado en un islote en la desembocadura del río Santiago, ha sido saqueado durante siglos, inundando los museos con colecciones de figuritas cerámicas y objetos de oro, que si bien hablan de la gran capacidad artística de estas gentes, dejan grandes incógnitas acerca de otros aspectos de su desarrollo cultural, como es el de la construcción y finalidad de la grandes "tolas" o montículos que le son característicos. En la actualidad se están llevando a cabo las primeras excavaciones sistemáticas, sin que todavía se tengan publicaciones definitivas.

Las actuales excavaciones (Valdez, Bouchard) han obtenido fechas desde el comienzo de la era hasta aproximadamente 500 años después para este período clásico. Su fase final (*Tolita Tardío*) se corresponde con la fase *Tiaone*, en la desembocadura del Esmeraldas, con la que comparte gran cantidad de rasgos.

Las cerámicas de *La Tolita* muestran influencias tanto de las formas peruanas (vasos dobles, doble pico, etc.) como de las mesoamericanas (trípodes, copas, incensarios), y son famosas por la diversidad de sus modelados zoo-antropomorfos y el barroquismo de sus decoraciones incisas o pintadas. Es necesario hacer mención especial de las abundantísimas figuritas cerámicas, en las que se encuentran por un lado, representaciones de escenas de la vida diaria y de animales del entorno, de carácter naturalista, y por otro lado –las más difundidas– personajes exentos, de diversos estatus, principalmente mujeres, vistas de frente, de tocado característico, luciendo deformación craneana, y con un faldellín cubriendo su sexo. Con menos frecuencia aparecen figuras ejecutadas en otros materiales como el hueso (fig. 12).

Otra importante faceta de esta cultura es la metalurgia, en la que destaca el uso del platino, que no se conoció en Europa

Figura 11
Máscara de oro. Cultura
Calima.

Figura 12
Cabeza de figura en
hueso. Cultura La Tolita.
La efigie del tocado
aparece frecuentemente
repetida en cerámica.
Colección Jofre.

Figura 13
Pectoral de oro y
platino. Cultura La
Tolita.

hasta el siglo XVIII, precisamente transmitido desde esta zona por Antonio de Ulloa. Sus trabajos en oro y plata son de gran perfección técnica y artística, singularmente en la ejecución de máscaras y pequeños adornos (fig. 13).

Cultura Bahía

Dentro de las culturas que, durante este período, se están desarrollando en la costa ecuatoriana, la *Cultura Bahía* destaca por su carácter pre-urbano, rasgo que anuncia a sus sucesores, los famosos manteños, de los que nos ocuparemos más adelante.

Se extiende desde el río Chone y Bahía de Caraquez hasta la frontera con la provincia del Guayas. Cerca de la Manta actual se encuentra el sitio de *Los Esteros* con numerosos montículos, construidos superponiendo plataformas, de muros reforzados con piedras y rampas o escalinatas de acceso. Emilio Estrada (1962), el primero que estudió este yacimiento, opina que encima de las plataformas de mayor tamaño se localizarían grandes casas comunales o templos, lo que parece ser corroborado por representaciones de estas casas o templos en cerámica.

En la cercana isla de *La Plata* debió de existir un santuario Bahía, tal y como se puede desprender de los hallazgos arqueológicos, que muestran la ausencia de cerámica doméstica u otros restos de habitación, así como grandes acumulaciones de figuritas fragmentadas.

Las características generales de las cerámicas Bahía también son diferentes de las de las culturas más al norte. Hay formas nuevas, como la copa de base alta, y junto a la pintura iridiscente y negativa –herencia Chorrera– hay un uso generalizado de la pintura postcocción, que les da una mayor policromía. Las figuras cerámicas, que son igualmente abundantes, están modeladas o fabricadas a molde, y muestran una gran complicación en su vestimenta y adornos, que hacen pensar en la existencia de una sociedad estratificada. Llaman la atención las del tipo *Gigante* de 50 a 60 centímetros de altura (fig. 14).

Cultura Guangala

Esta cultura, que continúa la tradición Chorrera, se desarrolla en una de las zonas más desérticas del Ecuador y, quizás debido a estas condiciones ambientales desfavorables, no se observa el grado de urbanismo de la anterior, estableciéndose la población en aldeas dispersas. Parece una cultura bien adaptada, cuyas bases de subsistencia se encontraban en el mar y la agricultura. Sus yacimientos aparecen por la costa, en el tramo comprendido entre el sur de Manabí y la península de Santa Elena y se adentran hacia el interior hasta la cordillera de Chongón y Colonche.

Su cultura material es similar al resto de la costa ecuatoriana, singularizándose por la fabricación de instrumentos líticos de caza y por el destacado nivel tecnológico de sus cerámicas. Las formas de éstas son más sencillas que las chorreras, pero continúan su perfección técnica. La decoración es pintura blanca sobre rojo, rojo anaranjado sobre ante, bruñido y negativo (fig. 15).

Negativo del Carchi

Hasta el momento, las culturas de la sierra, como la que ahora presentamos, han recibido mucha menor atención que las de la costa por parte de los arqueólogos, en consecuencia, tenemos mucha menos información y la que tenemos se encuentra fragmentada en un sinnúmero de culturas o fases que parecen referirse a un mismo tipo de evidencia: un pueblo, o pueblos que decoran sus cerámicas con dibujos en negativo sobre el engobe del fondo. Por esta razón, el nombre de *Negativo del Carchi* puede abarcarlos a todos (Holm-Crespo, 1980), de momento.

En el altiplano del sur de Colombia y el norte del Ecuador, donde se desarrolla esta cultura, la economía es predominantemente agrícola, siendo un excelente complemento la caza en los bosques fríos. La excesiva pluviosidad llevó a la población a asentarse en zonas elevadas y a preparar sus campos de cultivo con el sistema de "camellones". Existía una estratificación social, tal como se deduce de sus enterramientos, los cuales son el aspecto más conocido de esta cultura.

Las tumbas son de pozo y cámara. El pozo, cilíndrico, podía llegar hasta los 20 metros de profundidad y la cámara ser una o múltiple, así como estar conectada por pasadizos con otras similares.

Las copas de base tronco-cónica alta y los cuencos de base anular son las formas cerámicas preferidas para plasmar los diseños negativos (fig. 16). También son muy populares las figuras cerámicas, entre las que destaca un "pensador" sentado en un banquillo masticando coca (fig. 17).

Muy relacionada con esta cultura y sin que estén todavía bien establecidos los límites entre ambas, se encuentra más al sur y hacia el oriente la cultura *Panzaleo-Cosanga.*

Cultura Tuncahuan

Más al sur aún, en la cuenca de Riobamba, está el área de difusión de la *Cultura Tuncahuan,* que es portadora de un estilo cerámico de gran difusión y que lleva el mismo nombre. Las formas más típicas son las compoteras, copas de base anular tronco-cónica, y las jarras alargadas de fondo apuntado. La decoración es negra pintada en negativo, acompañada del rojo y el blanco y los motivos decorativos son geométricos simples y simétricos.

Culturas Vicús y Sechura

Ya en el Perú actual, en la parte alta del río Piura, se desarrolla la *Cultura Vicús,* coincidiendo con la de *Sechura* en la costa. En las dos se observa, junto con características más propias de las culturas ecuatorianas como las tumbas de pozo y cámara, el blanco sobre rojo y las compoteras y polípodos, fuertes relaciones con la cultura Moche que pudieran ir más allá de las simplemente comerciales.

La cerámica Vicús es ampliamente conocida por las colecciones de museos, destacando entre las realizaciones materiales de esta cultura los trabajos en oro, cobre y plata, a través de los cuales se pueden encontrar conexiones directas con Tumaco-Tolita y Moche.

Figura 14
Figura cerámica tipo Gigante en actitud oferente. Cultura Bahía.

Figura 15
Cuencos y platos
cerámicos de la cultura
Guangala.

Figura 16
Decoración típica del
Negativo del Carchi.

Figura 17
Personaje sentado
mascando coca.
Negativo del Carchi.

HORIZONTES MEDIOS:
WARI-TIAHUANACO (600-1000 d.C.)

Mientras que en la mayor parte de las restantes zonas del área andina, continuaban su desarrollo las culturas que hemos citado más arriba, en los aledaños del lago Titicaca y en las proximidades de Ayacucho, en fechas en torno al 600 d.C., empieza a producirse un cambio en el tipo de sociedad, como consecuencia de los avances acumulados fundamentalmente en el sector agropecuario y el comercio. Por un lado, la población adquiere un acentuado carácter urbano y, por otro, su expansión demanda una mayor centralización que ayude a la cohesión interna de dicha sociedad. Nacen, en este momento y en los lugares referidos, los que han sido llamados imperios o "estados expansivos" (Lumbreras) de *Tiahuanaco y Wari*, los cuales al ir aumentando progresivamente su área de influencia, vuelven a "horizontalizar" las relaciones a lo largo de una extensa parte del territorio andino. Se dan dos importantes cambios cualitativos. Uno es que, a pesar de la brevedad de sus períodos álgidos, después de esta experiencia, y hasta la unificación Inca, los pueblos andinos van a vivir altamente interrelacionados. El otro es que, al menos en el caso Wari, el poder parece trasladarse definitivamente de la esfera religiosa a la militar.

Tiahuanaco

El gran complejo urbano y ceremonial de *Tiahuanaco* se encuentra en la parte media del valle, al sureste del lago Titicaca. Este es realmente el único yacimiento estudiado en detalle y aun así nos falta mucha información en cuanto a su cronología interna. Es probable que gran parte de las edificaciones fueran anteriores al año 600 d.C., aunque a estas fechas aproximadas corresponden los más significativos. El centro urbano acogería unas 20.000 personas (Parsons), fundamentalmente funcionarios y servicios, así como a la clase gobernante, que desde este pun-

to neurálgico atendería toda el área bajo su jurisdicción.

El patrón de asentamiento propiamente urbano no se conoce, ya que los estudios se han ocupado con exclusividad de la zona ceremonial. El plano de Tiahuanaco muestra ocho unidades arquitectónicas principales: *Kantatayita, Akapana, el templo semi-subterráneo, Kalasasaya, Putuni, Laka Collu, Q'eri Kala* y *Puma Punku*.

Kantatayita es una plataforma con una plaza en forma de U, hundida en el centro y abierta hacia el este, que recuerda claramente la estructura de los más antiguos templos del área.

La pirámide llamada *Akapana* es una de las edificaciones más monumentales, con tres o cuatro terrazas, formadas por piedras labradas de gran tamaño. Tiene también un patio hundido que mira hacia el este. Cercano, hacia el norte, está el *Kalasasaya*, gran plataforma a la que se accede por una escalinata y a cuyos pies se encuentra el *templo semisubterráneo*. Este último es un gran pozo (170 metros de profundidad y un área de 742 metros cuadrados) excavado en el suelo, cuyas paredes están formadas mediante la alternancia de sillares y pilares líticos. Asociadas a esta construcción se han encontrado algunas de las estatuas más típicas del arte de Tiahuanaco. Volviendo al *Kalasasaya*, hay que hacer obligada referencia a la conocidísima *Puerta del Sol*, situada en el extremo noroccidental del recinto. El famoso relieve que cubre el dintel está ejecutado tan finamente y con un estudio tan cuidadoso de los volúmenes, que permite su contemplación tanto de lejos como de cerca. El personaje central, en pie, con los brazos abiertos, sostiene un cetro en cada mano. A ambos lados hay talladas tres hileras de figuras, en actitud de correr o de adoración, de difícil interpretación, a las que algunos se refieren como "ángeles" y que pudieran ser cóndores, halcones o simplemente figuras humanas. La deidad central ha sido múltiples veces identificada con el dios *Viracocha*.

El resto de las construcciones son edificios más o menos rectangulares con patios centrales (*Putuni* y *Q'eri Kala*), y plataformas con patio hundido (*Puma Punku*).

La escultura en piedra se ha dividido en dos fases, sin que se pueda precisar su cronología: un primer estilo de superficies, contornos y líneas curvas, y otro posterior de prismas unidos por planos con pequeñas figuras rectilíneas grabadas (Kubler), que se aparta definitivamente de la tradición Chavín. Tanto las estatuas y relieves, como los elementos arquitectónicos estaban policromados en blanco rojo y verde (fig. 18).

La cerámica Tiahuanaco típica está también fuertemente policromada, con los motivos delimitados en blanco o negro, y ejecutados sobre una superficie pulida y, por lo general engobada, en rojo. Los diseños más frecuentes, figurativos o geométricos, son grecas escalonadas, felinos, serpientes, peces, el cazador de cabezas, halcones, etc. Las formas, en su mayor parte de base plana, son vasos altos acampanados (*Keros*), cántaros, botellas, tazas, platos, ollas, etc. También hay vasijas con cabezas humanas o de animales en modelado.

Como dijimos con anterioridad, en las cercanías del lago Titicaca, aunque poco conocidos, existen otra serie de centros ceremoniales de menor importancia y poblados de diversos tamaños. Destacando entre los primeros *Paqchiri, Lucurmata, Ocqqe* y *Huancani*. Por otro lado, el "imperio" Tiahuanaco controlaba, además de la cuenca del lago, todo Perú actual al sur del valle de Majes y Arequipa, así como la sierra y la costa del norte de Chile. Hacia el sur, sus influencias son indudables en Cochabamba y el noroeste argentino. Por el norte limitaba con el radio de acción Wari; no obstante, sus relaciones e influencia artística llegaron a desarrollar el estilo llamado *Tiahuanaco Costero*, dentro de la propia cultura Wari.

Wari

Durante bastante tiempo, la expansión religiosa de Tiahuanaco en la región de Ayacucho, y con ella de su simbolismo artístico, mantuvo en dudas a los arqueólogos andinos acerca de la naturaleza de los cambios que se observaban en dicha región que, como vimos, en el período anterior era el lugar de desarrollo de la cultura *Huarpa*. Es a partir de los trabajos de Bennett (1953) en la ciudad de *Wari*, cuando comienza a desvelarse la verdadera naturaleza del fenómeno y a hablarse del *horizonte Wari* y del *imperio Wari*, como algo plenamente diferenciado del fenómeno Tiahuanaco, si bien es indudable el papel impulsor de este último.

La evolución de los acontecimientos en los escasos dos siglos que duró el dominio Wari puede dividirse en tres etapas. En la primera (650-700 d.C.) el prestigio de Tiahuanaco es muy fuerte y arqueológicamente se puede comprobar en los objetos ceremoniales, especialmente en unas grandes urnas cerámicas pintadas con los motivos grabados en las esculturas tiahuanacotas. Motivos que pudieron ser tomados de los textiles que llegaban por comercio (fig. 19). En estos momentos existen tres centros aparentemente de similar importancia: *Chikipampa* y *Wari*, cerca de Ayacucho, y *Pacheco*, en el valle de Nazca.

Entre el 700 al 750 d.C., se produce el abandono de *Chikipampa,* y *Wari* se consolida como la capital indudable del imperio. *Wari* es un centro urbano de gran extensión y no se ha excavado en su totalidad, conociéndose sólo algunos sectores de éste. Entre ellos *Ushpa Coto, Capillayoc, Checo Huasi* y *Cahuaricuna*. Diversas evidencias parecen apuntar a que la ciudad estaría organizada en barrios o sectores especializados (Lumbreras), existiendo igualmente una red de canales para la conducción del agua dentro de la ciudad.

La cerámica de esta etapa, que es la que se puede considerar puramente Wari, la cual se encuentra difundida por toda el área de su expansión, recibe el nombre de *Viñaque*. Está fuertemente policromada y sus diseños principales son águilas, felinos y motivos de la mitología tiahuanacoide. Una mezcla de este estilo y los más antiguos del área se encuentra en la cerámica llamada *Atarco*, en el valle de Nazca (fig. 20).

Figura 18
Monolito de Tiauhanaco.
Kalasasaya.

Figura 19
Cultura Wari. Fardo funerario.

Durante los años 750 a 800 d.C., se incrementa la expansión Wari. Esta se documenta arqueológicamente en la distribución típicamente imperial de sus cerámicas y, en mayor medida, en su impulso urbanizador, produciéndose un cambio generalizado en el patrón de asentamiento de costa central, costa norte y zona del Cuzco, donde la importancia de los antiguos centros ceremoniales, en cuanto tales, va declinando, emergiendo en sus alrededores auténticas ciudades. Las pirámides y plataformas conservan su valor de espacios sagrados, pero son utilizadas en estos momentos como tumbas de personajes ilustres. Por otro lado, el patrón urbano de estos asentamientos impulsado por el imperio Wari se difumina y desaparece a su caída.

Un caso especial es el de *Pachacamac*,

centro ceremonial costero al que nos hemos referido en el período anterior, el cual conserva un cierto status especial dentro de la organización política Wari, que podría asimilarse al de una provincia autónoma. El prestigio de su oráculo se conserva hasta los tiempo incas, época en la que se añadieron nuevas edificaciones. Al amparo del centro ceremonial, surge un centro urbano poderoso y se desarrolla un estilo cerámico peculiar, en el que se mezclan influencias de los estilos *Tiahuanaco*, *Viñaque* y *Atarco*. Los edificios, espacios cerrados y calles se extienden por un área de 18 kilómetros cuadrados, con una planta no del todo regular, debido a que el trazado de la ciudad ha tenido que conservar las antiguas distribuciones del espacio.

Otras ciudades importantes en este momento son *Cajamarquilla* y *Vista Alegre* en el valle de Rimac, *Pikillaqta* en el Cuzco y *Viracochapampa* en Huamachuco. La cerámica Viñaque que aparece en estas dos últimas, las identifica como anteriores al período inca al que se creyó en un primer momento que pertenecían dada su acusada planificación en retícula.

No están claras las causas que produjeron la rápida caída del imperio Wari, a partir del año 800 d.C., barajándose como probables guerras interiores, revueltas campesinas, desastres ambientales y otras. Ante la falta de evidencias que sostengan una u otra, la explicación más comúnmente aceptada es que la inmadurez de la organización política para lograr la cohesión en un área tan extensa y diversa pudo ser causa suficiente para su disgregación. En su momento de mayor extensión, el imperio abarcaba desde Chicama y Cajamarca, en el norte, hasta Ocoña y Sicuani, en el sur, sin que aparentemente tuviera ningún contacto con Tiahuanaco, su vecino por este punto.

Andes Septentrionales

Ya dijimos arriba que excepto en los Andes Centrales y Centro-Sur el resto del Área Andina continua su desarrollo cultural dentro de lo que podríamos llamar un clásico tardío, aunque en las regiones más próximas se puedan detectar cambios hacia una mayor centralización y urbanismo, que vienen anunciando el período siguiente. Vamos a hacer una breve referencia a algunas de las culturas que aparecen en el Área Septentrional entre los años 600 a 1000 d.C..

Cultura Atacames

Por estas fechas en la costa norte del Ecuador, en la provincia de Esmeraldas, se observa un fuerte cambio con respecto a la situación en los siglos inmediatamente anteriores. Según los trabajos de Valdez (1987) el importante asentamiento de *La Tolita* fue abandonado hacia el año 350 d.C., existiendo un vacío de información para la costa ecuatoriana al norte del río Esmeraldas. Sin embargo, al sur del citado río, comienza a adquirir personalidad propia, con sus primeras fechas en torno al 700 d.C., la *Cultura Atacames*, apreciándose un importante cambio en el patrón de asentamiento de toda la zona (Guinea, 1984 y 1989). El yacimiento de Atacames, aunque se encuentra destruido por el poblado actual y las labores agrícolas en más de sus dos terceras partes, evidencia un crecimiento rápido de la población en función de nuevas estrategias adaptativas. Sus habitantes, en esta fase temprana, se distribuían en una serie de plazas contiguas de una manera lineal a lo largo de dos kilómetros de costa, y hacían uso abundante de los recursos marinos.

Tanto la tecnología cerámica como los motivos decorativos cambian bruscamente, observándose un cierto descuido en la elaboración, que contrasta con la variedad de las formas, la mayor parte de ellas con connotaciones netamente funcionales. La decoración está constituida básicamente por diseños geométricos rojos sobre un ligero engobe crema. Hay que señalar que las figurillas cerámicas pierden el protagonismo que tenían en el período anterior.

De una manera general, y dentro de un claro particularismo, se observa una mayor relación de Atacames con las culturas de la costa sur, aparentando ser, en estos momentos, el punto costero más norteño al que llegan coletazos de los cambios producidos en la zona central andina. En el sur de Manabi, la *Cultura Bahía* evoluciona hacia un mayor urbanismo y anuncia lo que será la posterior cultura Manteña. En esta misma provincia, más norte, entre Bahía y Atacames, encontramos la *Cultura Jama Coaque*, conocida fundamentalmente por colecciones de museos, y en cuyos asentamientos se están llevando a cabo actualmente excavaciones, sin que, por el momento, se pueda determinar en qué grado podrían, o no, englobarse en una sola esta cultura y la de Atacames.

Cultura Quimbaya

Dentro de este período, aunque sin demasiada precisión en las fechas, lo que ocurre lamentablemente con la mayor parte de las culturas arqueológicas colombianas, se observan también cambios hacia una mayor complejidad política en la región del Quindió, en la Cordillera Central, tradicional cruce de caminos y de influencias.

Hemos respetado el nombre de *Cultura Quimbaya*, por ser el más conocido y el que, precisamente por esta causa, se asocia visualmente con los objetos arqueológicos de la región del Quindió, a la que nos referimos. No obstante, vale la pena hacer la salvedad de que *Quimbaya* es el nombre de una tribu histórica, que en el siglo XVI ocupaba una zona mucho más restringida y cuya vinculación con los restos arqueológicos de la zona no es clara. Los citados objetos, en su mayor parte, no han sido recuperados en excavaciones controladas y se aplica la denominación Quimbaya a figuras, cerámicas u objetos de orfebrería que pertenecen a diferentes períodos cronológicos. Un reciente estudio estilístico (Scott, 1989) de su colección más famosa, el llamado *Tesoro de los Quimbayas* del Museo de América de Madrid, señala como fechas más probable de ejecución de los objetos de orfebrería más conocidos los aledaños de 1000 d.C..

Las técnicas metalúrgicas de los habitantes del Quindió son de las más perfectas de América, facilitándoles su labor la buena ley del oro de los ríos y vetas de la zona. Éste lo trabajaban por fundición a la cera perdida, martillado, repujado, soldadura, falsa filigrana, dorado por oxidación, bruñido y modelado en frío. Los objetos realizados eran sumamente variados, siendo típicos los "poporos", frascos destinados a guardar la cal viva, que luego ha de mezclarse con la coca para conseguir su efecto (fig. 21). Estos recipientes tenían un pequeño orificio por el que se extraía la cal, introduciendo un palillo fino.

La mayoría de estos objetos aparecen en tumbas de pozo y cámara, que son también uno de los rasgos característicos de la región. Las mayores tenían varias cámaras y nichos, bóvedas y columnas talladas, y probablemente acogieron los cuerpos de personas principales, junto con sus allegados.

Igualmente son conocidas por sus realizaciones en metales preciosos las *Culturas Tolima* y *Sinú*, comenzando en estos momentos lo que Reichel Dolmatoff llama *Segundo Horizonte Pintado*. En el contexto cerámico, habría que reseñar que las realizaciones de la *Cultura Nariño*, no son más que uno de los complejos que engloba el estilo ecuatoriano del *Negativo del Carchi,* y cuya última fase, *Tuza*, está ya asociada a los habitantes históricos de la región (Uribe).

Andes Meridionales

No se detectan cambios significativos en el orden social de los grupos habitantes de esta subárea durante este período, a pesar de ello ciertos cambios en los aspectos formales, especialmente en la cerámica y la metalurgia, nos permiten distinguir dos fases cerámicas en los valles transversales de Chile, *Molle II* y *Las Animas* y la cultura de *La Aguada* en el N.O. argentino, como algo diferenciado de las fases precedentes, *Molle I* y *Ciénaga*.

Cultura La Aguada

El motor que impulsó el proceso de desarrollo de la *Cultura La Aguada*, que tuvo lugar en la región del Noroeste argentino,

Figura 20
Placa de oro con representación ornitomorfa. Cultura Wari.

Figura 21
Recipiente para coca ("pororo"). Cultura Quimbaya.

durante los años 720 a 916 d.C., según las fechas de carbono catorce, ha sido materia de discusión en el pasado. Actualmente, cada vez en mayor medida, se aceptan las tesis de Rex González (1965), en las cuales se propone que la evidente influencia de Tiahuanaco en esta cultura es resultado de una filtración progresiva y no de una conquista rápida de la región. En opinión del citado autor los logros de la fase de ocupación anterior, *Ciénaga*, y los elementos propios de los Andes Meridionales son suficientes para explicar el desarrollo de *La Aguada*.

Una de las características de su distribución espacial es su preferencia por los valles, siendo el valle de Hualfín en la región Valliserrana donde parece estar el núcleo de su formación. Los asentamientos típicamente aldeanos se esparcen a lo largo de los ríos formando pequeños núcleos de casas construidas en su mayor parte de barro y paja, o barro y piedra. No hay signos de urbanismo, si bien en algunos núcleos de población más grandes se encuentran edificios de uso público, mejor construidos y de paredes de piedra.

La base de su economía era la agricultura, complementada con la recolección y la caza, así como con la cría de ganado (camélidos). Dentro de sus restos materiales destacan la cerámica y sus trabajos en piedra y metal.

La cerámica de La Aguada puede dividirse en dos grupos, de acuerdo con su técnica decorativa. Las vasijas pintadas muestran diseños en negro sobre anaranjado, combinaciones de negro, rojo y blanco y polícromos. Utilizando el ahumado parcial para resaltar el efecto del motivo. La cerámica grabada es generalmente de color gris o negro con dibujos geométricos o figurativos estilizados. En este caso el realce se consigue con un brillante pulido. Las formas más frecuentes, comunes para ambos grupos, son los vasos alargados y los cuencos. Los motivos decorativos, aparte de los geométricos, incluyen batracios, serpientes, aves, y figuras antropomorfas. Mención aparte merecen las representaciones de felinos estilizados, a los cuales el artista les añade una serie de detalles que le dan un aspecto irreal y mítico (fig. 22).

Dentro del trabajo en piedra, dejando aparte los instrumentos agrícolas como hachas y azadones, habría que resaltar unos vasos cilíndricos del tipo *kero*, con figuras de felinos o guerreros en relieve, que copian los clásicos de Tiahuanaco en madera.

Finalmente, la metalurgia, otra de las influencias más claras de Tiahuanaco, tiene un nivel comparable con las culturas más al norte. Trabajaban fundamentalmente el cobre y el bronce, y aunque su producción mayor son armas o instrumentos prácticos como agujas, cinceles, hachas, etc., realizados en estos metales, se encuentran también adornos y objetos de oro.

Figura 22
Vasijas cerámicas.
Cultura La Aguada.

LOS REINOS TARDÍOS
(1000-1500 d.C.)

Andes Centrales

A la caída del imperio Wari, las áreas que éste englobaba volvieron a fragmentarse, produciéndose de nuevo una regionalización que, como apuntábamos con anterioridad, nunca fue tan fuerte como la del período clásico. Las ciudades del sur son abandonadas, pero en la costa central y el valle del Marañón se observa mayor urbanización.

Los estilos cerámicos vuelven en algunos casos a sus tradiciones arcaicas, mientras que en otros rompen abruptamente con ellas (Chancay). La tecnología es muy buena, pero la calidad artística general disminuye. La industria más popular es la textil, apareciendo nuevas técnicas. Estos tejidos muestran una cierta uniformidad y se difunden por amplias zonas, debido probablemente a su uso en el sistema de intercambio.

Otra de las novedades de este período es la existencia de algunas fuentes documentales, que completan y ayudan en la interpretación de los restos arqueológicos. No obstante, nosotros seguiremos basándonos fundamentalmente en la arqueología para la presentación de las diversas culturas, tal y como hemos venido haciendo hasta ahora.

Cultura Chimú

Las evidencias arqueológicas del *reino Chimú o Chimor,* cuyo apogeo estuvo en torno al año 1200 d.C., se centran en su capital la grandiosa ciudad de *Chan-Chan.* Con cerca de 20 kilómetros cuadrados, es una de las más grandes de la América prehispánica y se encuentra situada en las proximidades de la actual ciudad de Trujillo.

En el trazado de la ciudad, se observan 10 sectores rectangulares bien diferenciados, llamados popularmente "ciudadelas", dentro de cada uno de ellos se encuentran palacios, pasajes, patios,

zonas de almacén, y debieron de ser los lugares de habitación de los señores de la ciudad, para pasar a ser sus mausoleos a su muerte.

Entre ellos están las calles y plazas donde vivía la mayor parte de la gente. Los edificios de las ciudadelas eran de tapial y adobe y los palacios tenían muros decorados con bellos frisos (fig. 23). Las casas comunes eran de adobe y esparcidos por el plano urbano se distribuían estanques de agua.

El área de dominio Chimú se extendía desde Tumbez, en el norte, hasta Caraballyo, cerca de Lima. Subiendo por la sierra hasta el valle Utcubamba, de Cajamarca y Huamachuco. En cada uno de los valles se encontraban otras ciudades de importancia, rodeadas de pueblos más pequeños. Por citar algunas, nos referiremos a *Apurlé* en Motupe, la segunda en tamaño después de Chan-Chan, y *Pátapo* en Lambayeque, densamente poblada. La economía, de base agrícola, se complementaba con la industria y el comercio.

La cerámica Chimú es sumamente característica y se reconoce por su brillo metálico, conseguido mediante el ahumado y bruñido del recipiente. Las vasijas, tanto las ceremoniales como las domésticas, se fabricaban con moldes. Son monócromas, de color negro, y la pintura, predominante en la etapa anterior, fue sustituida por dibujos en relieve o representaciones tridimensionales. Las formas son predominantemente angulosas y es muy popular el asa-gollete en forma de estribo, herencia mochica.

Entre sus realizaciones artísticas, la que más destaca es el trabajo en metal, habilidad que les fue reconocida bajo el dominio inca. Vasijas ceremoniales en oro y plata y *tumis,* cuchillos en forma de media luna y mangos con representaciones de personajes mitológicos, eran, entre otras, sus obras más conocidas (fig. 24).

Las fuentes documentales (Rowe) nos hablan algo de su organización política y

Figura 23
Chan-chan. Detalle de
uno de los frisos.
Cultura Chimú.

social. El *Ci-Quic* era el gran señor, que vivía rodeado de una clase cortesana, a la que seguía otra inferior, de campesinos, con obligación de servicios personales. La sucesión era de hermano a hermano y luego de padre a hijo. La religión era importante. La divinidad principal parece que fue *Si*, la Luna, diosa que regía las lluvias y el mar, seguida por el Sol y Las Pléyades.

Cultura Chancay

El lugar de desarrollo de la *Cultura Chancay*, son los valles de Chancay y Chillón, pero su influencia se advierte desde Haura hasta Lima.

Uno de los rasgos más destacables de esta cultura son sus cementerios, de gran tamaño y con multitud de ofrendas, lo que nos hace pensar en la importancia de las

Figura 24
Personaje con máscara
ceremonial. Oro.
Cultura Chimú.

Figura 25
Figuras funerarias de
trapo que aparecen
frecuentemente en los
enterramientos. Cultura
Chancay.

creencias sobre la vida de ultratumba (fig. 25). Igualmente, a través de las diferencias en la construcción y suntuosidad de las tumbas se puede apreciar una fuerte estratificación social.

El gran número de vasijas recuperadas de estos cementerios muestra un estilo cerámico algo descuidado, en el que se aprecia claramente su producción en grandes cantidades y a molde. Las formas son globulares y llevan frecuentemente figuras de bulto redondo toscamente añadidas. Son muy características las figurillas de mujeres con los brazos abiertos. La decoración combina el rojo, negro y blanco, siendo los motivos principalmente geométricos, aunque también aparecen diseños de animales, hombres o plantas.

A juzgar por los hallazgos arqueológicos, el comercio jugaba un papel importante en la economía, aunque ésta fuera básicamente agrícola. Aparecen cantidades de cerámicas importadas y otros productos exóticos, como plumas de aves selváticas. Uno de los centros urbanos, que canalizaría este comercio es *Pisquillo Chico*, en el interior del valle de Chancay, en el cual el centro ceremonial, con montículos y rampas, se encuentra separado del sector administrativo, rectangular y amurallado, localizado en las laderas de un cerro cercano. Otros son, *Lumbra*, en este mismo valle, y *Zapallan*, en el de Chillón.

Las culturas de los valles meridionales

Por falta de espacio, vamos a hacer en este apartado una breve referencia a las culturas que se estaban desarrollando –con señas de identidad propias– en cada uno de los pequeños valles del sur de los Andes Centrales: Chincha, Ica, Poroma, y Acari.

Las construcciones de mayor importancia se encuentran el valle de Chincha, destacando el *Tambo de Mora,* conjunto de edificaciones con frisos en relieve, similares a los de Chan-Chan, que sería el centro administrativo principal, ya que de él parten numerosos caminos en todas direcciones.

En estos valles además de las consabidas cerámicas, siendo las más famosas las de Ica, se encuentran también trabajos en oro, plata, bronce y textiles. Toda su economía estaba fuertemente volcada hacia el comercio y los habitantes del valle de Chincha tenían una gran fama de navegantes, realizando sus transacciones comerciales a lo largo de toda la costa pacífica andina.

Andes Septentrionales

Vamos a presentar, de norte a sur, las culturas más conocidas del área andina septentrional en este último período. Todas ellas fueron, en sus últimos momentos, contemporáneas del imperio inca y algunas de ellas, como las de la sierra del Ecuador, sufrieron un corto período de dominación. Tenemos también, en mayor o menor medida, narraciones de las impresiones que estos pueblos produjeron en los españoles, aunque seguiremos dando primacía a la información arqueológica.

Cultura Tairona

Parece, a juzgar por las narraciones de los cronistas y los restos arqueológicos, que la *Cultura Tairona* fue una de las que alcanzaron más alto grado de civilización en Colombia. Tanto ésta como la *Muisca,* parecían estar, a la llegada de los españoles, superando la etapa de las jefaturas y evolucionando hacia unos estados incipientes.

Los Taironas ocupaban las laderas de la Sierra Nevada de Santa Marta, por las que se esparcían centenares de pueblos de miles de casas. La población era muy densa y se mantenía así gracias a la fertilidad del suelo y a una alta tecnología agrícola, cuyas manifestaciones más visibles eran las terrazas irrigadas. La base económica era el cultivo del maíz, pero también mantenían un activo comercio.

Hay numerosas evidencias arqueológicas de las aldeas y ciudades Taironas. Las más famosas son *Pueblito*, en la ladera baja, y *Buritaca 200* (Ciudad Perdida), a 1.300 metros sobre el nivel del mar (fig. 26). Son centros urbanos de dos a tres kilómetros cuadrados, con espacios públicos, canales y calles, cuya principal característica es la adaptación perfecta de los edificios a la difícil configuración del terreno. Las casas se levantaban sobre plataformas de piedra de planta oval, circular o de medialuna, y se conectaban entre sí por una complicada red de caminos y escaleras. Un cuidadoso sistema de terrazas completaba el conjunto habitacional. En lugares destacados se situaban las construcciones ceremoniales, con plataformas de piedras mejor labradas y ajustadas.

Las cerámicas que más abundan son las de uso culinario y las ceremoniales negras pulidas. Como la mayor parte de las culturas colombianas, destacan por sus trabajos en metales finos, especialmente orejeras, narigueras y pectorales de oro fundido. Las representaciones más frecuentes son felinos o murciélagos. Existe también un notable arte rupestre. Los rasgos generales de la Cultura Tairona, llevan a Reichel Dolmatoff (1986: 198) a considerar que ésta se encuentra fuertemente relacionada con las culturas de Panamá y Costa Rica.

Cultura Muisca

En el caso de la *Cultura Muisca*, en la zona del altiplano de Bogotá, hay un fuerte contraste entre las narraciones de las crónicas y la evidencia arqueológica. Las diversas fuentes nos dicen que, en el año 1537, convivían en este ámbito geográfico dos confederaciones de pueblos, altamente civilizados. Los nobles habitaban en palacios y su sucesión era matrilineal. La población era muy densa y mantenían un ejército permanente. En el aspecto religioso, el culto principal era solar, considerándose lugares sagrados las lagunas y las cumbres.

En contraste, la arqueología sólo tiene evidencias de una población rural, que vivía en caseríos dispersos, si bien, se ha detectado una intensa actividad agrícola con la construcción de camellones, zanjas y terrazas. Igualmente se han localizado dos construcciones especiales con columnas cilíndricas de piedra, una el llamado

Templo del Sol de *Sogamuso*, que parece ser la cas de algún jefe o principal y el observatorio astronómico de *Sanquenzipa*.

La cerámica no debió de tener mucha importancia. Es generalmente monócroma, de superficie sin pulir, y lo que más abunda son las ollas globulares de uso culinario, con las bocas decoradas. También hay cuencos y copas de pedestal. La decoración es escasa y lo más frecuente es pintura roja, incisiones o aplicada.

La representación de la figura humana es muy distintiva tanto en cerámica como en piedra o metal: la cabeza tiene forma semitriangular, los ojos y labios son meras líneas horizontales y la nariz es modelada y prominente. Este aspecto tienen las placas votivas de oro llamadas *tunjos* muy típicas de esta cultura.

Cultura Atacames Tardío

Volviendo a la costa del Pacífico, encontramos, perviviendo en la zona sur de la provincia ecuatoriana de Esmeraldas, la *Cultura Atacames*, cuyos rasgos principales vimos en período anterior. Habría que hacer notar, que para estas fechas se observan ciertos cambios, los cuales parecen estar indicando que los pueblos de esta zona tienen establecidos fuertes contactos de carácter comercial con los grupos manteños y participan de la red de intercambio organizada en torno a las demandas incaicas de conchas de *spondylus*.

La población crece, asentándose en núcleos semiurbanos en la costa y de forma dispersa por el interior. La planificación del núcleo principal, Atacames, cambia y el registro arqueológico muestra un gran descuido en la elaboración de las cerámicas, que son ahora más toscas y gruesas. El instrumento por excelencia es el tortero o fusayola, que es abundantísimo, evidenciando la creciente importancia de los tejidos, propia de este período, tal y como veíamos en los Andes Centrales. La base agrícola era el maíz, para cuyo procesamiento aparecen grandes metates.

En el capítulo de las fuentes docu-

Figura 26
Vista parcial del sitio
Buritaca 200. Cultura
Tairona.

mentales, es famosa la narración del encuentro cerca de este lugar del navío de Bartolomé Ruiz con una balsa comercial, que procedente de Salangó, se dirigía hacia Atacames con intención de "rescatar" conchas de *Spondylus*. A juzgar por el registro arqueológico, los habitantes de Atacames y los pueblos vecinos entregaban las conchas del preciado molusco sin ninguna elaboración, proceso que se llevaría a cabo en las costas de Salangó, como evidencian las enormes acumulaciones producto de esta actividad que allí se encuentran (Norton).

Cultura Manteña

Con el nombre de *Cultura Manteña*, nos referimos los arqueólogos a los restos materiales de los diferentes pueblos que habitaron la costa de Manabí, desde Bahía de Caraquez hasta el golfo de Guayaquil, y que los cronistas identificaron como *Paches, Huancavilcas, Punaes* y *Tumbecinos*. Todos ellos reputados marineros y comerciantes. Muse (1989) propone considerarlos como una "macro etnia", dado que, en unas ocasiones, parecen tener independencia política y, en otras, las evidencias sugieren una cierta integración, como es el caso de la arqueología de la región.

Figura 27
Máscara y corona en
plata y cobre. Cultura
Manteña.

Figura 28
Nariguera de oro y
turquesas. Cultura
Milagro-Quevedo.

La cerámica manteña es sumamente característica. En el norte, es de color negro o grisáceo y lleva un pulido brillante. La decoración más frecuente son incisiones geométricas antes de la cocción. Las ánforas de cuerpo fusiforme, base anular y gollete con decoración plástica de una cara humana o felina, y las compoteras altas –a veces de más de 60 centímetros– son las formas más difundidas. También los incensarios con representaciones humanas en bulto redondo y base campaniforme. Al sur, la única variación que se aprecia es el colorido que aquí es rojizo, como resultado de un proceso diferente de cocción. En cerámica encontramos también pitos, silbatos, ocarinas y multitud de torteros.

De piedra tenemos estelas, hachas ceremoniales, y sobre todo unas originales sillas, con el asiento en forma de U, sobre un zócalo tallado en forma de tigre. En metal hay tiaras, coronas, patenas y aretes en cobre y plata (fig. 27).

Por toda la costa aparecen restos de núcleos de población planificados, siendo los más conocidos *Manta* y *Salango*. Ya dijimos antes, cómo el señorío de Salangone debió de controlar el comercio con el Sur (Norton), pero las marineras balsas manteñas recorrerían la costa desde Méjico al sur del Perú, con fines comerciales.

Cultura Milagro-Quevedo

La cultura arqueológica de *Milagro-Quevedo* se identifica con la "macroetnia" de los Chonos (Muse), conjunto de pueblos que habitaban las fértiles tierras de la Cuenca del Guayas. El papel que éstos, como grandes productores agrícolas, debieron de jugar en la red de intercambios del área andina septentrional no puede ser minimizado.

La agricultura intensiva, que se practicaba en la zona desde el formativo, aumenta su producción y los campos elevados de cultivo (camellones) se extienden por toda la cuenca. El tipo de asentamiento que el cuidado de los campos requería, o quizás la falta de suficientes reconocimientos arqueológicos, no han permitido la localización de grandes concentraciones de población.

Pero son características de esta cultura la construcción de tolas (montículos) para la localización de las viviendas.

La cerámica, poco importante, es monócroma, con decoraciones incisas. Las formas típicas son platos de fondo plano, cuencos, ollas trípodes y grandes vasijas para enterramientos. Más conocidas son las ollas y platos trípodes con decoración plástica de sapos, culebras y otras alimañas, lo que les ha valido el nombre de "cocinas de brujos". En los yacimientos de esta cultura aparecen también con mucha frecuencia unas "hachas moneda" de cobre martillado (fig. 28).

Las culturas de la Sierra del Ecuador

Las culturas de la Sierra del Ecuador jugaron un importante papel dentro del *Tawantinsuyu*, existiendo numerosas fuentes documentales para su estudio, pero detenernos en esto queda fuera del área de nuestro interés, por lo que sólo haremos una breve referencia a ellas, con el fin de cerrar el panorama de los Andes Septentrionales antes de la formación del imperio inca.

En el norte, a ambos lados de la frontera ecuatocolombiana, vivían los *Pastos* y *Quillacingas*, con una metalurgia muy relacionada con la del valle del Cauca e identificados arqueológicamente por los complejos cerámicos, *Calpulí, Piartal, Tuza* y *Cuasmal* (fig. 29).

Los *Carangues*, en Imbabura, han dejado importantes restos arqueológicos de densos poblados, con construcciones de pirámides con rampa de acceso y montículos habitacionales. Un buen ejemplo de esto es *Cochasqui*.

Más al sur, en la región de Cañar, Cuenca y Jubones, se asentaba la etnia *Cañari*, asociada a la cerámica *Cashaloma* y *Tacalshapa*. El sitio arqueológico más importante es *Ingapirca*, con zonas de viviendas para la élite, que edificarían sus casas sobre grandes plataformas ovales, y construcciones de carácter ceremonial (*Pilaloma*), a las cuales se añadirían más tarde los edificios correspondientes a un centro administrativo provincial del imperio incaico (Fresco).

Figura 29
Complejo cerámico
Cuasmal. Formas y
decoración de las
vasijas.

BIBLIOGRAFÍA

Bouchard, J. F.
1984 *Recherches archeologiques dans la region de Tumaco. Colombia.* Institut François D'Etudes Andines. Memoire n. 34, París.

Cardich, A.
1975 Recientes Investigaciones en el departamento de Huánuco, Perú. *Relaciones de la Sociedad Arqueológica de Antropología.* Vol. IX: 7-19, Buenos Aires

Correal, G. y T. Van der Hammen.
1977 *Investigaciones arqueológicas en los abrigos rocosos del Tequendama.* Biblioteca del Banco Popular, Bogotá.

González, A. Rex
1965 Las pinturas indígenas de Cerro Colorado. *Gacetika*, núm. 79, año VIII. Noviembre y diciembre.

Guinea, M.
1984 *Patrones de Asentamiento en la Arqueología de Esmeraldas (Ecuador).* Ministerio de Asuntos Exteriores. Madrid.
1989 Valoración de las evidencias de intercambio en el río Esmeraldas: el problema cronológico. *Relaciones interculturales en el área Ecuatorial Pacífica durante la época precolombina.* (Eds. Bouchard y Guinea). BAR International Series. Oxford.

Holm, O. (Coordinador)
1980 *Historia del Ecuador.* Vol. 1. Salvat. Quito.

Kubler, G.
1986 *Arte y arquitectura en la América precolonial.* Ediciones Cátedra, Madrid.

Lanning, E.
1961 *Peru before the Incas.* Prentice Hall. Englewood Cliff. New Jersey.

Lavallee, D. y L. Lumbreras
1985 *Les Andes de la prehistoire aux Incas.* L'Univers des Formes. Gallimard, París.

Lumbreras, L. G.
1971 *La Arqueología de la América Andina.* Milla Batres, Lima.
1972 *De los orígenes del Estado en el Perú. Nueva crónica sobre el viejo Perú.* Milla Batres, Lima.
1983 Las sociedades nucleares de Sudamérica. *Historia General de América* (Dir. Guillermo Morón). Período indígena. Academica Nacional de la Historia de Venezuela, Caracas.

Mac Neish, R. *et al.*
1980/81 *Prehistory of the Ayacucho basin, Peru.* Vol. III: Nonceramic artifacts. Vol. II: Excavations and chronology. The University of Michigan Press.

Millones, L. y H. Tomoeda (eds.)
1982 *El Hombre y su ambiente en los Andes Centrales.* Serie Ethnological Studies, 10. National Museum of Ethnology. Osaka.

Murra, J.; N. Wachtel y J. Revel (eds.)
1986 *Anthropological History of Andean Polities.* Cambridge University Press. Cambridge.

Muse, M.
1989 Corología regional y relaciones de territorialidad en la región oeste del área septentrional andina, siglo XVI. *Relaciones interculturales en el área Ecuatorial Pacífica durante la época precolombina.* (Bouchard-Guinea, eds.) BAR International Series. Oxford.

Norton, P.
1986 El señorío de Salangone y la liga de mercades. *Miscelánea Antropológica Ecuatoriana*, núm. 6: 131-144.

Oberem, U. (Comp.)
1981 *Cochasquí. Estudios Arqueológicos.* Colección Pendoneros, Vols. 3, 4 y 5. Otavalo.

Ponce Sangines, C.
1972 *Tiawanaku. Espacio, Tiempo y Cultura.* Academia Nacional de las Ciencias de Bolivia. La Paz.

Ravines, R.
1980 *Chanchan. Metrópoli Chimú.* Instituto de Estudios Peruanos. Lima.

Reichel Dolmatoff, G.
1985 *Monsú. Un sitio arqueológico.* Biblioteca del Banco Popular. Bogotá.
1986 *Arqueología de Colombia. Un texto introductorio.* Fundación Segunda Expedición Botánica. Bogotá.

Rostorowski, M.
1975 Pescadores, artesanos y mercaderes costeños en el Perú prehispánico. *Revista del Museo Nacional,* núm. 41: 311-349.

Rowe, J.
1945 Absolute Chronology in the Anden Area. *American Antiquity.* 3: 265-284

Schobinger, J.
1988 *Prehistoria de Sudámerica. Culturas precerámicas.* Alianza América núm. 15. Alianza Editorial, Madrid.

Strong, W. D. y C. Evans.
1957 Paracas, Nazca and Tiahuanacoid Cultural Relationships in South Coastal Peru. *Society for American Archaeology Memoir,* 13.

Valdez, F.
1987 *Proyecto Arqueológico La Tolita (1983-1986).* Publicaciones del Fondo Arqueológico del Museo del Banco Central "Guillermo Pérez Chiriboya". Quito.

Zevallos, C.
1971 *La agricultura del Formativo Temprano del Ecuador (Cultura Valdivia).* Casa de la Cultura Ecuatoriana. Guayaquil.